AF493649

LOUIS DE BACKER

LE PRÉSENT

ET LE

PASSÉ

PARIS
A.-H. BÉCUS, IMPRIMEUR-ÉDITEUR
16, RUE MABILLON, 16
1884

LE PRÉSENT

ET LE

PASSÉ

LOUIS DE BACKER

LE PRÉSENT

ET LE

PASSÉ

PARIS
A.-H. BÉCUS, IMPRIMEUR-ÉDITEUR
16, RUE MABILLON, 16
1884

INTRODUCTION

Voici une page prophétique de Jouffroy, écrite, il y a soixante ans, pour servir d'introduction à une philosophie de l'histoire :

« Cependant, ils ne peuvent demeurer insensibles aux misères de leur époque, ni perdre le sentiment du présent dans la contemplation de l'avenir. Le spectacle de ce que font leurs oppresseurs et de ce qu'ils préparent, la vue de ce peuple par eux corrompu, dégradé, malheureux, trompé, façonné avec un art exécrable à une longue servitude, tout, dans la scène de désolation qu'ils ont sous les yeux, enracine dans ces jeunes âmes, possédées de l'amour de la vé-

rité et de la vertu, un dégoût amer de la société et une indignation profonde contre ses corrupteurs et ses maîtres. Ils n'en perdent pas leur foi, ils n'en désespèrent pas de l'avenir, mais ils ne croient pas que cet avenir soit fait pour eux ; ils n'osent même le promettre à leurs enfants, tant est lourde la tyrannie qui pèse sur eux, tant elle paraît fortement tissue, tant il leur semble qu'il y a loin de ce qu'ils voient à ce qu'ils pensent.

« Et comment se défendre entièrement des illusions du présent, et, faibles que nous sommes, quand il nous écrase, quand il dévore notre courte vie, le mesurer à sa valeur et le réduire à ce qu'il pèse? Comment, quand les événements semblent chaque jour démentir de plus en plus les prévoyances de la raison, résister à la passagère apparence du fait, et garder confiance en soi-même? Ils ne savent pas que rien n'est si fragile qu'une

domination fondée sur la force; qu'un peuple sans foi à ses maîtres leur obéit mais les méprise, et n'attend qu'un revers pour leur échapper; que des maîtres sans morale et sans croyances ne s'accordent pas longtemps; qu'ils se détruisent après avoir détruit leur ennemi commun. Ils ne savent pas que le monde est plein de causes secrètes qui apparaissent tout à coup à la voix de la Providence, et rompent brusquement comme un fil les plus habiles échafaudages humains. Ils ne savent pas enfin, dans leur isolement, que plusieurs pensent comme eux dans le secret de leur conscience; qu'ils sont nombreux quand ils pensent être faibles, et que dans l'âme de tous les hommes opprimés, aveuglés ou corrompus, il y a une voix sourde qui parle de liberté, de vérité et de vertu, et qui opère, quand le jour est arrivé, des conversions rapides qui entourent l'étendard de la bonne cause d'une foule imprévue de prosélytes. . . . .

. . . .

. . . .

« A mesure que le temps marche et qu'avec lui s'augmentent le dégoût de ce qui est et l'attente de la vérité, un grand nombre d'esprits, même parmi ceux qui n'ont point cherché, se trouvent plus ou moins illuminés. Tous seront des apôtres ou des prosélytes, des soldats ou des chefs de la foi nouvelle. Cette foi est déjà née. Elle vit dans l'esprit de plusieurs, elle est attendue par tous : car tous ressentent une vague inquiétude, dont elle est l'objet ignoré, et qu'elle seule peut apaiser. Ses ennemis sont usés, divisés, méprisés. Les anciens chefs ne sont plus, et malgré leur ardeur à former des élèves dignes d'eux, ils n'ont pu faire avec de l'ignorance et du fanatisme que des hommes plus méchants que redoutables. La force

du parti n'a plus de nerf; c'est une apparence qui va tomber en poussière; tout le peuple l'abandonnera au premier mot, au premier signe. Enfin les temps sont arrivés, et deux choses sont devenues inévitables, que la foi nouvelle soit publiée et qu'elle envahisse toute la société.

« Comment ce grand phénomène se produira-t-il? quelles circonstances particulières décideront son apparition un jour plutôt qu'un autre, dans tel lieu plutôt que dans tel autre? Il n'y a rien ici de nécessaire et d'absolu. Tantôt le pouvoir se désorganise lui-même, et laisse le champ libre à qui veut régner; tantôt un événement extérieur vient pousser, et détermine la manifestation de la vérité; tantôt un fait trivial, imprévu, en apparence insignifiant, introduit sur la scène un homme qui parle, et cette étincelle allume l'incendie; quelquefois c'est un pro-

phète enthousiaste qui ne peut résister à la vérité qui le possède, et qui se produit tout à coup fort de sa mission et de son zèle. L'homme, le lieu, le moment, l'occasion n'y font rien : toujours est-il que la force des choses rend inévitable une promulgation qu'elle a préparée, et dont elle a d'avance abattu tous les obstacles.

« *Ainsi s'accomplit la ruine du parti de l'ancien dogme et l'avénement du nouveau.* »

RÉPUBLIQUE ET ROYAUTÉ.

RÉPUBLIQUE

I

Liberté, Égalité, Fraternité.

La République n'a pas tenu ses promesses; elle n'a pas doté la France de mœurs républicaines basées sur la vertu, comme le voulait Montesquieu.

Elle a proclamé la souveraineté du peuple, et le peuple, comme un vaincu, est toujours *sommé* de payer et de faire des corvées.

Elle a inscrit, au fronton de ses monuments et sur ses monnaies, cette devise toute chrétienne : « Liberté, Égalité, Fraternité, » et le peuple, séduit par ces mots magiques, s'est laissé aller aux espérances les plus grandes et les plus belles pour l'avenir de la patrie française.

Ces espérances ne se sont pas réalisées.

La liberté ! — Est-elle respectée ? La philosophie enseigne que l'homme naît libre et qu'en entrant dans la société, il tient de sa nature morale la puissance ou le droit de se servir de son travail pour assurer sa subsistance, le droit d'accumuler les produits de son travail et d'en conserver la propriété, le droit d'avoir une famille issue de son sang ou seulement spirituelle, le droit de lui transmettre ses biens, le droit de s'instruire et d'adorer Dieu selon sa conscience, etc.

Tous ces droits naturels constituent la liberté civile, et leur exercice légitime doit être garanti par la liberté politique qui est la sanction de la liberté civile (1).

Eh bien ! sous la République, nous avons

---

(1) JANET, *Traité élémentaire de philosophie*, in-8, 2 édit. 1881. pp. 298 et 733.

vu des pères de famille condamnés à l'emprisonnement parce qu'ils voulaient instruire leurs enfants selon leur conscience, des citoyens chassés de leur demeure, privés de toute protection contre la violation de leur domicile, parce qu'ils avaient formé une famille spirituelle pour adorer Dieu selon leur conscience. Nous avons vu, dans ces derniers temps, des malheureux traduits devant les tribunaux correctionnels, parce qu'ils s'étaient associés pour se porter mutuellement des secours et s'aider dans leur détresse (1).

Les hommes du pouvoir républicain ont donc foulé aux pieds la liberté individuelle, dans laquelle se confondent la libre action que chacun doit exercer sur sa propre destinée, la libre profession de sa foi et de son

---

(1) Jugement du Tribunal correctionnel d'Auxerre du 17 août 1882. — Arrêt de la Cour d'appel de Paris, décembre 1882.

opinion, le libre usage du bien dont il est possesseur.

« Or, dit une femme philosophe, si ces trois libertés sont fondamentales, c'est qu'elles ont un rapport direct avec la dignité humaine et avec notre libre arbitre : car l'action que nous avons sur notre destinée personnelle est l'endroit le plus essentiel par lequel se manifeste notre liberté de choix ; la libre profession de notre foi et de notre opinion est l'acte extérieur le plus élevé que puisse faire la créature raisonnable ; le libre usage du bien que nous possédons est une expression sensible et forte de notre personnalité.

« C'est donc une vérité éternelle que l'homme a droit à ces trois libertés, et qu'il est opprimé lorsqu'on les lui enlève. Ce droit est gravé dans son cœur, et nulle influence de temps, de lieu ni d'état social ne pourra l'en effacer (1). »

L'Égalité ! — Tous les hommes sont enfants de Dieu. Or, Dieu est souverainement juste, et l'on ne saurait concevoir la justice divine sans concevoir en même temps l'égalité de tous les hommes devant Dieu (2).

Cependant, dès son entrée dans le monde, l'homme est frappé du spectacle de l'inégalité. Si nous consultons l'histoire, nous voyons les sociétés humaines apparaître avec un système d'inégalités sociales. Aux temps les plus reculés, sous les climats les plus divers, à l'Orient et à l'Occident, au pôle brûlant du Midi comme au pôle glacé du Septentrion, les habitants de la terre sont divisés en classes distinctes. L'Edda nous

---

(1) Madame de Chaillé. *Essai sur la Liberté, l'Egalité et la Fraternité*, in-8, p. 85.

(2) *Essai sur la Liberté, l'Égalité et la Fraternité* p. 120.

montre les trois classes sociales de la Scandinavie dans la Rigmâl-Saga ; l'Inde antique en connait quatre, et le Makhaiana énumère dix dignités que les bouddhistes obtiennent par l'étude du Nirvana, dont quelques Çoutra expliquent la doctrine de Boudda, enseignée plusieurs siècles avant Jésus-Christ.

Les distinctions sociales sont donc aussi vieilles que les sociétés elles-mêmes, et de nos jours, nous disons encore : la haute, la moyenne et la basse classe, parce que nous voyons toujours l'ignorance à côté de la science, la faiblesse à côté de la force, l'indigence à côté de la richesse et de tous les besoins satisfaits.

Cette inégalité sociale est le résultat même de la liberté humaine. Tout homme fait un usage différent de son libre arbitre, et cette différence d'action de chacun entretient l'activité sociale, où entre malheureusement l'arbitraire des passions.

Mais, au-dessus des vicissitudes humaines qui semblent accuser la justice divine, Dieu subsiste. Il reste toujours le refuge et la consolation de ceux qui l'implorent, et sa justice et son amour s'étendent à tous les déshérités de la terre. Dieu rétablit ainsi l'égalité entre les hommes, et la leur a laissé comme une vérité supérieure à tous les faits sociaux. Donc tous les hommes sont égaux devant Dieu. Mais la notion de l'égalité leur impose le devoir de se respecter eux-mêmes et de respecter leurs semblables, parce qu'elle est aussi la notion de la dignité humaine.

Cette notion n'est pas toujours présente à l'esprit des hommes, à cause des difficultés que suscitent entr'eux leurs passions. Dans les temps anciens, elle s'est affaiblie et a complètement disparu de la pensée et des institutions humaines, jusqu'au jour où elle fut révélée de nouveau par le Christianisme.

Alors l'apôtre de Jésus-Christ, s'adressant

aux Israëlites, leur dit : « Que *toute* la mai-
« son d'Israël sache certainement que Dieu
« a fait Seigneur et Christ ce Jésus que vous
« avez crucifié..... Convertissez-vous et que
« *chacun* de vous soit baptisé au nom de
« Jésus-Christ.... et vous recevrez le don du
« Saint-Esprit. Car la promesse a été faite
« à vous et à vos enfants, et à *tous* ceux qui
« sont éloignés (1).

Et dès ce jour, *tous* furent persévérants dans la doctrine, dans la communion, dans la fraction du pain et dans les prières.

Sans doute le monde romain, au milieu duquel fut proclamé le principe de l'égalité, ne renonça pas instantanément aux vieilles croyances qui toléraient l'esclavage. Mais les institutions sociales se modifièrent peu à peu au souffle de l'esprit nouveau qui pénétrait dans les masses.

---

(1) *Actes des Apôtres*, chap. XI, v. 36, 38, 39.

Cet esprit nouveau n'était pas le nivellement des supériorités. Non, c'était le sentiment de sa valeur propre, de sa dignité personnelle, le respect de soi-même et de son prochain. L'égalité chrétienne tend à rapprocher toutes les classes sans porter atteinte à l'autorité de César, ni à la hiérarchie qui est aux peuples, selon la juste expression de Maxime Du Camp, ce que le lest est aux navires ; elle les tient en équilibre et les aide à traverser les tempêtes (1).

La notion de l'égalité ne peut donc pas être séparée de celle de la justice de Dieu. A cette condition seule, elle est juste et sainte et doit être consacrée par le Droit.

La République, en privant la notion de l'égalité de son principe religieux et de son sens divin, en la séparant de l'idée de Dieu et de

(1) Discours académique du 23 décembre 1880.

l'immortalité de l'âme, en a fait un instinct violent et brutal, qui cherche ses satisfactions dans le temps et dans les jouissances matérielles. L'égalité sans Dieu et sans religion, c'est l'envie, c'est la jalousie basse et sombre de tout ce qui appartient à autrui ; c'est la haine de tout ce qui est supérieur par le travail, par la science, par la vertu.

« Cette passion des masses contre les exceptions devint le fléau de la société, dit Mme de Challié ; car c'était la guerre déclarée entre les éléments nécessaires à son existence dans l'ordre et dans la grandeur.

« Les exceptions résultent, en principe, des dons de Dieu et de l'usage de la liberté humaine, et elles se produisent d'autant plus, que la liberté individuelle est plus étendue et mieux garantie dans une nation.

« Elles procèdent donc d'une loi supérieure, par laquelle elles sont nécessaires à l'ordre social ; de sorte que le grand nombre ne saurait se passer du petit nombre : et même sans doute, le petit nombre se passerait encore plutôt du grand, que le grand ne saurait se passer du petit.

« Si l'on retranche de la société, le génie, la science, la richesse, que deviendra le grand nombre privé de connaissances, privé de lumières, privé de ce qui donne son ressort principal à l'activité du travail?

. . . .

« Si les inégalités de nature existent, la société ne peut, sans déloyauté et sans mensonge, supprimer les inégalités sociales qui sont le signe, la reconnaissance des inégalités naturelles, un témoignage rendu par le sens juste et large de la multitude, aux supériorités sorties de son sein, et qui s'élèvent au-dessus d'elle. Et si la société voulait abolir l'inégalité en dehors du droit, elle ne s'établirait pas seulement dans le mensonge, mais elle manquerait aussi à sa nature, à cet instinct de vie qui est en elle, qui combat contre la passion destructive de l'égalité, et qui inspire, à la masse du peuple, le respect et l'admiration de toutes les supériorités véritables (1). »

La Fraternité! — La vie est un combat, a-t-on dit, et l'anglais Darwin a donné pour base à son système cette formule : La lutte pour la vie. Les philosophes qui sont arrivés à cette conclusion n'ont observé qu'une des faces de la nature. Un modeste, mais savant professeur a su, par l'analyse, pénétrer davantage le mystère des passions des êtres créés. Et par passions, il entend « ces principes d'action ou mobiles, primitifs et innés, par la vertu desquels la force vivante et pensante que nous sommes se

(1) *Essai sur la Liberté*, etc. p. 140 à 142.

« porte spontanément aux différentes fins
« particulières qu'il est dans sa nature d'at-
« teindre (1).

Dans la nature humaine, nous découvrons des mobiles d'action qui se rapportent au corps, ce sont les besoins; d'autres qui se rapportent à l'âme, ce sont les désirs et les affections. Celles-ci se divisent en trois classes : affections naturelles, humaines et divines, qui se résument toutes dans la Fraternité.

En effet, la Fraternité est à la fois une affection naturelle, parce que l'homme n'est pas seulement un être pensant et voulant, mais encore un être aimant; humaine et divine, parce que ce noble sentiment a sa source en Dieu et l'humanité pour objet.

Aussi, Mme du Chaillé définit-elle la Fra-

---

(1) CHAUVET. *Les Passions des plantes.*

ternité humaine : « l'amour rappelé à sa source première et à son foyer véritable, pour se répandre de là, avec une puissance surnaturelle et une immensité sans bornes, sur la partie la plus excellente de la création, sur celle qui appelle le plus d'affection, sur celle qui sollicite le plus la justice de l'homme et sa bonté, c'est-à-dire sur l'humanité elle-même. C'est le nom de père donné à Dieu, qui entraîne celui de frères donné à nos semblables sortis également de ses mains (1). »

II

Les partis.

S'il n'est pas donné à la loi de réglementer la Fraternité, « parce que le droit de celle-ci réside tout entier dans le sentiment de l'homme envers l'homme, et que le senti-

(1) *Essai*, p. 192.

ment est toujours placé hors des atteintes de la justice humaine, » au moins ne doit-elle rien exiger qui puisse entraver le libre épanouissement de la fraternité.

Et cependant la République promulgue des lois qui empêchent la manifestation de l'amour du chrétien pour ses frères. Elle nous défend de nous unir, non seulement pour nous protéger, mais encore pour acquérir des lumières au milieu des ténèbres qui nous assiègent, et fortifier, par l'échange de nos pensées, les compagnons de nos destinées.

La République, a dit son premier président, est la forme de gouvernement qui nous divise le moins, et, depuis que ce gouvernement existe, nous avons vu les partis se multiplier et se fractionner en modérés, en radicaux, en socialistes, en collectivistes, en anarchistes, etc. Nous avons vu les ouvriers soulevés contre les patrons, et le nombre des déshérités de la fortune n'a pas diminué. En dehors des hommes animés du sentiment vraiment chrétien, nous ne voyons pas surgir la fraternité. Nous ne voyons que la haine, qui s'attaque même au passé de la patrie. N'a-t-on pas dit à la jeunesse française qu'au-delà de 1789 il n'y a que des hontes et des misères ? On voudrait lui faire oublier qu'elle doit sa nationalité à ses évêques et à ses moines, au sceptre de ses rois et à l'épée de ses ancêtres ; on voudrait arracher de l'âme de la France, l'idée de l'honneur et de la fidélité, qui fait d'un peuple de vrais citoyens un peuple de vrais gentilshommes (1).

(1) *Essai* etc. p. 77.

III

Mécontentement.

Le 24 avril 1870, un homme, en qui on a voulu personnifier la République, écrivait ceci :

« Il faut dire, redire et prouver que pour nous le triomphe de la démocratie, fondée sur de libres institutions, c'est la sécurité et la prospérité assurées aux intérêts matériels, la garantie étendue à tous les droits, le respect de la propriété, la protection des droits sacrés et légitimes des travailleurs, l'amélioration et la moralisation des déshérités, sans atteinte, sans péril pour les favorisés de la fortune et de l'intelligence. Dites bien que notre passion, c'est uniquement d'amener la justice et la paix sociale parmi les hommes. »

Plus de douze ans se sont écoulés, et la République n'a rien appliqué de ce programme. Nous n'avons pas la sécurité ni la prospérité, ni la garantie de nos droits de pères de famille, ni l'amélioration, ni la moralisation des déshérités.

Mais les parvenus de la République se sont installés dans les palais et les hôtels de la monarchie, entourés de laquais à livrée galonnée, partagé les gros traitements du budget qu'ils ont tant critiqués dans l'opposition, et les femmes de ces messieurs, en étalant leurs atours dans les salons dorés de ces palais et de ces hôtels, se sont écriées : « C'est nous qui sommes les princesses ! »

Aussi, déçus dans leur attente, environ trois mille ouvriers de Lyon viennent-ils de donner leurs suffrages à un candidat qui leur avait dit : « Nous ne pouvons vivre sans la liberté d'association, garantie par une autorité forte indépendante et honnête. L'expérience des dix fatales années écoulées nous a démontré qu'à l'heure qu'il est la monarchie seule peut nous donner le libre exercice de ce droit, en même temps que l'égalité de tous devant la loi.

« Arrière donc les jouisseurs sans passé, sans honneur, sans parole.

« Arrière les briseurs de croix, les enfonceurs de portes de couvents, les pourchasseurs de prêtres et de sœurs de charité; arrière les malfaiteurs pui veulent nous voler l'âme de nos enfants. Assez de violences et d'insultes à notre foi. Assez du froid mépris jeté par ces parvenus enrichis à l'honnête ouvrier, flatté la veille du vote, dédaigneusement repoussé le lendemain (1). »

(1) Lyon. Election législative 1882.

IV

La République peut-elle durer?

En présence de ces faits, on se demande si une république, où se trouvent d'un côté les jouissances et de l'autre les convoitises, peut durer longtemps. N'est-ce pas là un état où l'hostilité entre les diverses classes sociales est permanente, et doit conduire aux déchirements les plus douloureux de la patrie?

Et cet état n'est-il pas la conséquence de l'établissement même de la République?

Cette forme de gouvernement est-elle applicable à la France, dans ce pays qui s'étend de l'Océan aux Pyrénées, qui comprend des populations d'origines si diverses, et où les intérêts du nord ne sont pas ceux du midi? Aristote et Montesquieu n'admettent cette forme gouvernementale que pour un petit territoire. Il est vrai que l'Amérique l'a adoptée, mais les États-Unis de la vaste Amérique sont une république fédérative, et l'américain n'est attaché qu'à son État natal, il n'est patriote que pour lui et n'est citoyen que là. Il ne se passionne pas pour les questions qui sont du domaine de l'âme, comme celle de la liberté de conscience. L'État, dit-il, n'est pas fait pour régenter les âmes des citoyens, mais pour régler les intérêts temporels entre eux, dans le cas où l'individu ne peut le faire sans envahir la personnalité du prochain. L'américain ne comprend que la république fédérative, il n'est libre que par elle ; la république centralisée ne lui inspire aucune confiance.

V

Ce que l'on cherche.

En France, la République de 93, proclamée une et indivisible, n'a pu vivre, et celle de 1883, tiraillée par les partis républicains eux-mêmes, semble n'avoir qu'une existence précaire. Les craintes qu'avait M. Grévy en 1848 ne sont pas encore dissipées : « Êtes-« vous bien sûr que dans cette série de per-« sonnages qui se succèderont au trône de « la Présidence, il n'y aura que de purs « républicains empressés d'en descendre ? « Etes-vous sûrs qu'il ne se trouvera jamais « un ambitieux tenté de s'y perpétuer ? »

L'instabilité dans le fonctionnement de la Constitution est une source d'inquiétudes continuelles ; elle empêche d'avoir la foi dans l'avenir, qui seule peut assurer la prospérité générale en rendant la confiance aux capitaux et l'activité aux affaires. On a considéré la politique comme un art que l'on applique selon les circonstances, et le député Clémenceau a pu dire avec raison aux membres du gouvernement républicain : « Votre pratique est en tout abso-« lument contraire aux promesses que « vous avez faites en prenant le pouvoir; « vous avez parlé de protéger la liberté indi-« viduelle et vous l'opprimez (1). »

En présence de ces faits qui démontrent l'impuissance de la République à donner satisfaction aux aspirations les plus légitimes de notre temps, des esprits studieux, préoccupés de la tendance des partis politiques à l'émiettement et à l'isolement, se

(1) Chambre des Députés, séances du 9 mars 1882.

sont plu à rechercher le principe qui a servi de fondement à la vieille nationalité française.

VI

La Nation Française.

Or, a dit M. Renan, « une nation est une âme, un principe spirituel, résultant des complications profondes de l'histoire. Deux choses, qui à vrai dire n'en font qu'une, constituent cette âme, ce principe spirituel. L'une est dans le passé, l'autre dans le présent. L'une est la possession en commun d'un riche legs de souvenirs ; l'autre est le consentement actuel, le désir de vivre ensemble, la volonté de continuer à faire valoir l'héritage qu'on a reçu indivis. L'homme ne s'improvise pas. La nation, comme l'individu, est l'aboutissant d'un long passé d'efforts, de sacrifices et de dévouement. Le culte des ancêtres est de tous le plus légitime ; les ancêtres nous ont faits ce que nous sommes.

« Un passé héroïque, des grands hommes, de la gloire (j'entends de la véritable), voilà le capital social sur lequel on assied une idée nationale. Avoir des gloires communes dans le passé, une volonté commune dans le présent ; avoir fait de grandes choses ensemble, vouloir en faire encore, voilà la condition essentielle pour être un peuple. On aime en proportion des sacrifices qu'on a faits, des maux qu'on a soufferts. On aime la maison qu'on a bâtie et qu'on transmet (1). »

Si nous consultons l'histoire, quelle est la maison que nos ancêtres nous ont bâtie et transmise? Evidemment la maison de France. C'est avec elle qu'ils ont lutté et souffert ; c'est avec elle qu'ils ont créé l'unité fran-

---

(1) Conférence de la Sorbonne 1882.

çaise, et soumis chacune de nos anciennes provinces à la couronne de France :

La Picardie, l'Ile-de-France, l'Orléanais avec Hugues-Capet;

Le Berry avec Phillippe 1er;

La Touraine avec Philippe-Auguste;

Le Languedoc avec Philippe-le-Hardy;

La Champagne, le Lyonnais avec Philippe-le-Bel;

Le Dauphiné avec Philippe VI;

La Saintonge, le Poitou et le Limousin avec Charles V;

La Guyenne, la Gascogne, le Périgord, le Quercy, le Rouergue, l'Agenais, le Bordelais, l'Angoumois, les Landes avec Charles VII;

La Bourgogne, la Provence, l'Anjou et le Maine avec Louis XI;

La Normandie et la Bretagne avec Charles VIII;

Le Bourbonnais, la Marche et l'Auvergne avec François 1er;

Le Béarn et le Comté de Foix avec Henri IV ;

Le Roussillon avec Louis XIII ;

La Flandre, la Franche-Comté, l'Alsace et le Nivernais avec Louis XIV;

La Lorraine et la Corse avec Louis XV;

L'Algérie avec Charles X et Louis-Philippe.

Voilà les souvenirs, les grandes choses, les gloires, les efforts, les sacrifices que nos ancêtres nous ont légués; les maux qu'ils ont soufferts ! Leurs rois et leurs grands hommes dans la guerre et les lettres, dans les arts et les sciences, dans l'Eglise et dans les parlements, Bayard, Turenne, Duguesclin, Racine, Corneille, Pascal, Descartes, Philibert Delorme, Bossuet, Fénélon, d'Aguesseau, Boileau, nous ont faits ce que nous sommes. Voilà le capital social sur lequel nous asseyons notre idée nationale, et nous avons la volonté de continuer à faire valoir le patrimoine que nous avons reçu de nos pères !

ROYAUTÉ

I

Le passé de la nation française appartient à la Royauté et au Christianisme ; le présent doit leur appartenir aussi. C'est par les moines, les évêques et les rois qu'a été faite l'ancienne France. Il faut reprendre les anciennes traditions, afin que les notions de liberté, d'égalité et de fraternité, puisées dans l'évangile du Christ, puissent pénétrer dans l'éducation et dans les lois, et y être maintenues par l'autorité royale.

Mais, dira-t-on, ramener la royauté, c'est ramener l'ancien régime avec ses vices. Nous ne voulons ramener que ses grandeurs et ses gloires, et quant à ses vices qui sont inhérents à la fragilité humaine, nous ne les ramènerons pas, parce qu'ils s'étalent tous les jours sous nos yeux dans toute leur laideur, et qu'ils se trouvent dans les drames les plus hideux qui se déroulent devant les tribunaux. Personne n'ignore qu'un des vices les plus communs aujourd'hui, c'est l'adultère. Il est dans tous les romans, sur tous les théâtres, et il conduit presque toujours au suicide. Le dix-septième siècle a connu aussi ce vice, et il a conservé le souvenir d'un adultère célèbre, celui de Mme de Montespan. Cette grande dame a succombé dans un temps où l'on croyait à peine que ce fût pécher, dit Saint-Marc Girardin, que de céder à l'amour de Louis XIV. Mais si cette chute eut un long retentissement, elle a été suivie d'un repentir, tel que nous n'en voyons plus de semblable en nos jours de scepticisme. Saint-Simon nous a laissé le récit des œuvres de la pénitence qu'avait observée la pécheresse : « Peu a peu elle en vint à donner presque tout ce qu'elle avait aux pauvres.

Elle travaillait pour eux, plusieurs heures par jour, à des ouvrages bas et grossiers, comme des chemises et d'autres besognes semblables, et y faisait travailler ce qui l'environnait. Sa table qu'elle avait aimée avec excès devint la plus frugale, ses jeûnes fort multipliés, sa prière interrompait la compagnie et le plus petit jeu auquel elle s'amusait... Ses macérations étaient continuelles... Sa langue, autrefois si à craindre, avait aussi sa pénitence. »

Quand Mme de Montespan sentit sa fin venir, « elle profita d'une courte tranquillité pour se confesser et recevoir les sacrements. Elle fit auparavant entrer tous ses domestiques jusqu'aux plus bas, fit une confession publique de ses péchés publics et demanda pardon du scandale qu'elle avait si longtemps donné, même de ses honneurs, avec une humilité si sage, si profonde, si pénitente, que rien ne put être plus édifiant. Elle reçut ensuite les derniers sacrements avec une piété ardente. Les frayeurs de la mort, qui, toute sa vie, l'avaient si continuellement troublée, se dissipèrent soudainement et ne l'inquiétèrent plus. Elle remercia Dieu, en présence de tout le monde, de ce qu'il permettait qu'elle mourut dans un lieu où elle était éloignée des enfants de son péché, et n'en parla, durant sa maladie, que cette seule fois (1). »

Combien de coupables se repentent aujourd'hui d'une manière aussi digne et aussi sincère? M. de Montespan ne pardonna jamais et ne voulût jamais entendre parler de l'épouse infidèle. Il augmenta ainsi, par ce glacial et implacable silence, le châtiment que Mme de Montespan s'était imposé. Cela n'empêche pas Saint-Marc Girardin de s'écrier en pleine Sorbonne : « A voir mourir

(1) T. V, p. 406, 410-411.

M. de Montespan sans avoir démenti un instant son terrible et froid oubli, à voir mourir Mme de Montespan dans ce pieux et persévérant repentir qui n'attend rien que de Dieu, je me sens en présence d'âmes plus hautes et qui font plus d'honneur à l'humanité que le bon sens de Ménélas et d'Hélène. »

Voilà comment, au siècle de Louis XIV, la religion relevait une âme déchue et la faisait revivre à l'espérance lorsqu'elle n'espérait plus ! Aujourd'hui les victimes de la libre-pensée meurent sans consolations, dans l'abandon et le désespoir.

II

L'ancien Régime.

Sans doute il y a eu les abus de l'ancien régime, qui cherche à le nier ? On dit même qu'il était le régime du bon plaisir, mais il est démontré aujourd'hui que « jamais, quoi- « qu'on en ait dit et imprimé, jamais la chan- « cellerie de l'ancienne monarchie n'a em- « ployé la formule : *car tel est notre bon* « *plaisir* (1). »

On a dit aussi et répété que Louis XIV vint un jour au Parlement de Paris, à l'improviste, en costume de chasse, le fouet à la main, pour supprimer le droit de remontrance. Au congrès des sociétés savantes qui a eu lieu à la Sorbonne, en 1882, sous les auspices du ministère de l'Instruction publique, un membre de la Société des sciences morales et politiques de Versailles a prouvé, avec les registres inédits du Parlement, que l'habit de chasse et le fouet appartiennent à la légende, et que le droit de remontrance n'a pas été supprimé le

(1) *Revue des sociétés savantes*, publiée sous les auspices du ministère de l'Instruction publique, T. VI p. 456, in-8°, 1882.

12 avril 1655, comme Voltaire l'avait affirmé (1).

Ainsi se dégage peu à peu la vérité historique et se dissipent les erreurs.

Une certaine école a voulu nous faire accroire encore que la liberté ne date, en France que de 1789, « et cependant l'organisation communale se produit partout en « même temps, à partir du XIe et XIIe siècle, « parce que c'est un fait nécessaire » a dit un savant professeur de Faculté (2). Au treizième siècle, le jugement par jury est la règle générale. Les établissements de Saint-Louis, les coutumes de Picardie, de Beauvais, d'Artois, de Flandre, d'Anjou, en fournissent des preuves irrécusables. En

---

(1) *Bulletin du comité des travaux historiques*, publié par le ministère de l'Instruction publique. 1882, n° 2, p. 148.

(2) M. Desdevises du Dézert.

Auvergne, le bailli, en rendant justice au nom du prince, devait prendre l'avis de chevaliers et de prudhommes, selon un rescrit de Philippe le Long de 1319.

Au moyen-âge, les contestations entre l'abbé de Marmoutiers et ses subordonnés sont jugées par le juge du domaine, qui tenait des assises particulières dans les villages. Les chaudronniers et les ménétriers de l'Alsace se réunissent en corporations, et les paysans de Bretagne, de Normandie, de Bigorre, concourent à la validité de certains réglements publics. A mesure que la liberté civile s'étend, le droit politique se développe et s'élargit jusqu'à aboutir à des Etats provinciaux et généraux (1).

Aux siècles de Duguesclin et de Jeanne

---

(1) Le ministre de l'Instruction publique fait rechercher et recueillir les procès-verbaux et les documents authentiques des Etats provinciaux et généraux de la France.

d'Arc, les classes sociales ne vivaient pas séparées comme aujourd'hui, où règne le fonctionarisme. Un professeur de l'Ecole des Chartes, membre de l'Institut, enseigne qu'au moyen-âge, « nobles, prêtres, religieux, clercs, gens du peuple exerçant les diverses professions manuelles, vivaient alors pour ainsi dire en commun, et on les trouve perpétuellement mêlés ensemble dans toutes leurs habitudes journalières, non seulement à l'église et dans les confréries, mais encore au jeu et à la taverne (1). »

On a donc pu dire avec raison que la liberté est vieille en France et que le despotisme y est nouveau; non pas le despotisme d'un seul contre tous, mais celui du nombre qui pèse sur la minorité en divisant les ci-

---

(1) Siméon Luce. *Histoire de Duguesclin*, p. 18 et 19.

toyens, en excluant le vaincu des fonctions publiques pour lesquelles il a de l'aptitude, et en ne lui laissant que les charges budgétaires. C'est ce qu'on appelle le jacobinisme, et « le jacobinisme est essentiellement des« potique, il n'est qu'un des plus odieux sys« tèmes de la tyrannie. (1). » C'est pourquoi nous demandons à la Royauté la cessation et la fin de cette lutte fraticide.

III

Qu'est-ce que la Royauté?

Qu'est-ce donc que la Royauté? Des étrangers, qui vivent sous le régime monarchique, répondront à cette question. L'auteur des *Lois de la société chrétienne*, professeur dans une

---

(1) Lettre de Mgr l'évêque de Bayeux et Lisieux aux membres des Comités de l'enseignement catholique libre, in-8°, 1882, p. 19.

Université de Belgique, correspondant de l'Institut de France, dira :

« Le plus digne, le plus modéré, le plus sûr, le meilleur en un mot des gouvernements, est le gouvernement royal. Mieux qu'aucun autre il garantit à la société l'unité, la stabilité et la liberté.....

« La royauté donne à une nation l'unité dans sa vie historique. Le peuple se personnifie en quelque manière par sa dynastie. Dans ses monarques il se retrouve lui-même à travers la succession de ses générations. Le roi est d'ailleurs le centre autour duquel se meuvent toutes les forces de la vie publique. En lui réside la puissance modératrice qui maintient chaque chose à sa place et donne la règle à toute activité. C'est par l'unité du commandement monarchique que les lois sont uniformément et fermement exécutées ; que tous les intérêts particuliers sont ramenés à l'intérêt général ; que la force légitime a constamment raison des expansions inconsidérées ou coupables de la liberté des individus. C'est aussi par le monarque que la nation se montre aux autres nations avec toute sa grandeur, et qu'elle déploie vis-à-vis d'elle toute sa puissance.

« La stabilité de l'institution monarchique fait la stabilité politique du peuple. La royauté est essentiellement héréditaire. Une royauté soumise à l'élection n'est qu'une ombre de royauté ; elle ne donne qu'un repos précaire, périodiquement compromis par l'explosion des passions et par les brigues des partis. Le monarque héréditaire est le premier gardien de toute la tradition politique de l'Etat ; il est plus intéressé que personne à la préserver des atteintes de l'inconstance et de l'emportement populaire. La grandeur de l'Etat, c'est la grandeur de sa dynastie, et sa dynastie, c'est lui-même (1). »

(1) *Charles Périn*. T. II p. 368 à 370.

L'anglais Freeman, l'un des derniers commentateurs de la Constitution anglaise, parle de la royauté en ces termes : « Notre système politique met à la tête de l'Etat une souveraineté personnelle ; il incorpore l'être national en une personne, laquelle attire à elle tous les sentiments d'hommage et de soumission que beaucoup d'hommes se décideraient difficilement à accorder à l'idée abstraite de la loi et de la chose commune. Lorsque les devoirs de la royauté constitutionnelle sont remplis comme notre propre expérience nous dit qu'ils peuvent l'être, l'impression que le peuple en éprouve n'est pas seulement affaire de sentiment ; c'est un mouvement raisonné de véritable respect personnel (1). »

Aussi, lorsqu'on se trouve en Angleterre,

---

(1) *The grouhtg of the english Constitution,* by Ed. Freeman. London, 1872, p. 120.

en Belgique, en Hollande, en Suède, en Danemarck, et que l'on est témoin des chaleureuses manifestations de respect pour la reine ou le roi, on est tout ému de voir le peuple saluer de ses acclamations celui en qui se résume la gloire de la patrie, et l'on est attristé quand on reporte ses regards vers la France.

Mais ce n'est pas seulement le respect qui s'adresse au prince, loyal observateur des devoirs qu'impose la dignité royale, c'est encore l'affection. De là, cette union si étroite entre le roi et le peuple, cet échange de serments de fidélité entre celui qui va monter sur le trône et ceux qui le défendront ; de là ce dévouement commun à la patrie.

IV

Principe démocratique de la Royauté

L'histoire nous apprend qu'en France la

royauté a passé par trois phases :

1° Qu'elle a été féodale ;

2° Qu'elle a été absolue,

3° Quelle a été constitutionnelle et parlementaire.

La royauté nouvelle entrera dans une période nouvelle de son évolution ; elle sera démocratique, c'est-à-dire que le roi s'appuiera sur le peuple entier, sans distinction de classes sociales, et qu'il appellera à lui, au service de la patrie, tout Français capable, homme d'honneur, digne de remplir la mission qu'il voudra lui confier.

Afin que la royauté puisse avoir le caractère démocratique, il faudra que les fonctions de membre du parlement soient incompatibles avec celles de ministre. Alors, on ne verra plus des ambitieux fomenter des coalitions et s'imposer par des intrigues parlementaires au choix du monarque. « L'intervention des représentants de la nation pour faire la loi, écrit l'auteur des *Lois de la société chrétienne*, la responsabilité des agents qui l'exécutent sous les ordres du roi, sont des règles essentielles de toute monarchie libre. Mais il ne faut pas que des garanties destinées à maintenir en une constante harmonie le pouvoir du roi avec le pouvoir de la loi, et à donner plus d'autorité au monarque en le mettant dans l'impuissance de mal faire, deviennent des liens qui l'asservissent en le mettant dans l'impuissance de bien faire.

« Il ne convient pas que la responsabilité ministérielle soit établie de telle façon que les ministres, au lieu d'être au service du roi, soient au service des chambres. Ceci est le parlementarisme en sa perfection, c'est-à-dire la pire et la plus sotte espèce de gouvernement qui soit au monde. En un pareil régime, il n'y a plus ni monarchie, ni république. Le peuple est exposé aux nconvénients de l'une et de l'autre, sans ıvoir les avantages ni de l'une ni de 'autre (1). »

D'ailleurs, l'idée d'une royauté démocra-ique n'est pas neuve ; on la trouve dans les lernières instructions que saint Louis, roi le France, donna en mourant à son fils : « Aie le cœur doux et compatissant, aux « pauvres, aux malheureux et aux affligés « et les conforte et aide qui tu pourras. « Maintiens les bonnes coutumes de ton « royaume, et abats les mauvaises. Ne con- « voite pas contre ton peuple, et ne charge « pas ta conscience d'impôts et de tailles.... « Pour rendre la justice et faire droit à tes « sujets, sois loyal et roide, sans tourner à « droite ni à gauche ; mais aide au droit et « soutiens la plainte du pauvre jusques à « tant que la vérité soit déclarée. Et si quel-

(1) T. 11 p. 384.

« qu'un a une action contre toi, ne crois « rien jusques à tant que tu saches la vérité; « car alors tes conseillers jugeront plus « hardiment selon la vérité pour toi ou con- « tre toi (1). »

C'était de la même manière que celui qui allait être Louis XVI comprenait les devoirs de la royauté. Un manuscrit, publié par M. de Falloux, a conservé les pensées du jeune dauphin sur cette grave question :

« Tous les hommes sans exception me sont égaux....

« Le premier devoir de l'humanité, pour un prince, est de maintenir le droit des gens, ou la loi qui sert de règle au commerce que les nations ont ensemble : le droit des gens qui est vraiment la loi naturelle des Etats, et le droit naturel lui-même, en tant

---

(1) *Mémoires de Joinville,* ch. CXLV de la traduction de M. de Wailly.

qu'on l'applique non seulement aux hommes considérés comme tels, mais aux hommes considérés comme peuples, nations et Etats, dans les rapports qu'ils ont entre eux....

« La raison suffit seule pour nous convaincre que les souverains furent donnés aux peuples, et non les peuples aux souverains. L'autorité suprême n'est que le droit de gouverner ; et gouverner ce n'est pas jouir, c'est faire jouir les autres; c'est assurer, c'est maintenir contre la licence de la multitude les droits qui appartiennent à chaque individu.

« La souveraineté est le plus grand de tous les pouvoirs, mais la moindre de toutes les propriétés. Les rois, comme rois, n'ont plus rien à eux que le droit, ou plutôt le devoir de tout conserver à la société, dont ils sont les tuteurs et les chefs....

« Pour faire régner la justice, il faut protéger, il faut conserver à l'homme tous les droits qu'ils a reçus de Dieu même ; pour la faire régner par les lois, il faut maintenir dans chaque partie du gouvernement les formes qui en écartent l'arbitraire, et procurent aux membres de la société civile et la sécurité du moment et la ferme confiance de l'avenir (1). »

C'est bien le principe démocratique que l'Eglise consacre, lorsqu'elle donne à un roi l'onction sainte : « Vous rendrez à *tous*, avec « une inébranlable fermeté, la justice sans « laquelle aucune société ne peut durer « longtemps, accordant aux bons des récom- « penses, infligeant des peines aux mé- « chants. Vous défendrez contre toute « oppression les veuves, les orphelins, les « pauvres, les faibles. Vous serez bon, doux « et affable, selon votre dignité royale, « pour tous ceux qui vous approcheront.

(1) Réflexions sur mes entretiens avec M. le duc de la Vauguyon par Louis-Auguste, Dauphin (Louis XVI).

« *Vous* régnerez, non point pour votre pro-
« pre utilité, mais pour l'utilité de *tout*
« votre peuple (1). »

Dans la monarchie vraiment chétienne, l'autorité, c'est la force asservie à la justice et tempérée par la charité (2).

V

Le Roi.

Cet idéal de royauté chrétienne et démocratique, pouvons-nous le trouver chez un prince français?

Nos discordes civiles ont éloigné de la France un rejeton de l'ancienne famille royale; il attend sur la terre étrangère que la France le rappelle. Depuis cinquante ans, et malgré l'éloignement, de nombreux Fran-

(1) Extrait du Pontifical romain.
(2) Lois de la société chrétienne. T. 11 p. 393.

çais sont allés le visiter. Parmi les visiteurs, il y en a eu un qui est devenu sénateur de l'empire, et qui a tracé de l'exilé de Frohsdorf le portrait suivant :

« Le comte de Chambord est la plus belle tête de prince de l'Europe. Sa beauté physique n'est sur ses traits que le reflet de la beauté morale. La franchise, la loyauté, la bienveillance éclairent son regard. L'intelligence illumine son front. L'ensemble de sa figure représente cette harmonie et cette pureté de lignes dont le pinceau de Raphaël ou le ciseau de Phidias peuvent seuls reproduire le caractère et les effets. Tout en lui, l'expression des yeux, les tons du visage, l'accent de la voix, la cadence des gestes, les mouvements de la main décèlent cette virilité d'une âme saine qu'aucun souffle n'a desséchée, qu'aucun poison n'a altérée, qu'aucun vice n'a dégradée. Cette âme, on la voit, on la sent, on l'entend, et cette transparence est si lumineuse qu'il semble, en approchant d'elle, qu'on n'en soit séparé que par une glace sans tain. Ainsi s'explique l'espèce de fascination qu'exerce ce roi sans royaume sur tous ceux qui l'approchent. Sa tête est découronnée de son diadème, et cependant il y a sur son front une sorte de rayonnement qui n'est que l'échappement de la lumière intérieure dans la vie physique. Ce qui frappe en lui au premier aspect, ce n'est ni la perfection des traits, ni la finesse des lignes, ni l'harmonie des proportions, ni rien de ce qui constitue la beauté matérielle. Non ! c'est la sympathie rehaussée par la majesté ; en un mot quelque chose qui vous reporte à la grandeur de Louis XIV et à la bonté de Henri IV » (1).

Voilà celui qui représente le principe mo-

(1) *La Guéronnière.* Portraits politiques contemporains, pp. 43 et 44.

narchique traditionnel de la France. Mais ce n'est pas tout de connaître sa personne, il faut savoir aussi ce qu'il pense sur la politique et comment il entend gouverner. « La France, appelée à se prononcer entre la République et la Monarchie, doit mettre dans la balance les déclarations diverses et les programmes des hommes en qui se personnifient les deux systèmes... Nous appelons le prince à témoigner lui-même devant le public, afin d'éviter qu'on nous reproche, dans un sens ou dans un autre, une partialité calculée. C'est au reste le droit de tout accusé et, devant la France moderne, Henri de Bourbon est un accusé. Le respect de ce droit est le fondement de toute justice et sa pratique demeure l'honneur des peuples qui s'érigent en policiers (1). »

Nous dépouillerons donc la correspon-

(1) Henri V dévoilé par ses écrits.

dance du prince royal, et ses lettres nous montreront qu'il est bien le digne héritier de Saint Louis et de Louis XVI, et qu'il porte comme eux le même amour au peuple français, à *tout* le peuple, sans distinction de rangs ni de classes. Nous soulignons le mot *tout*, parce que « la pensée que la légitimité peut encore être un parti dont il est le chef répugne visiblement au prince ; il s'applique toujours à lui donner un caractère plus général et plus élevé, et c'est pour cela que, loin de craindre de sortir des rangs, il cherche toutes les occasions de toucher aux idées et aux hommes qui sont en dehors de lui. Cette pensée éclate dans ses conversations publiques comme dans ses entretiens intimes ou dans ses correspondances avec ses amis (1). »

---

(1) *La Guéronnière*. Portraits politiques, pp. 52 et 53.

En effet, nous lisons dans sa lettre au duc de Noailles, du 5 octobre 1848 :

« Je crois avec vous que le concours de *tous* les hommes de cœur, de talent et d'expérience est nécessaire au rétablissement et au maintien de l'ordre dans notre patrie. Je vous l'ai déjà dit, étranger et inaccessible à toutes les passions qui perpétuent les funestes discordes, je regarderai comme le plus beau jour de ma vie celui où je verrai *tous* les Français rapprochés par les liens d'une fraternité véritable, et la famille royale réunie à son chef dans les mêmes sentiments de respect pour *tous* les droits, de fidélité à tous les devoirs, d'amour et de dévouement pour la patrie.

« Tous les évènements passés disparaissent pour moi en présence des hauts intérêts de la France, qu'il s'agit de sauver au bord d'un effroyable abîme. J'appelle à concourir à ce grand œuvre *tous* les hommes distingués qui, jusqu'à ce jour, ont utilement et consciencieusement servi le pays et qui peuvent le servir encore. J'ai employé les longues années de mon exil à étudier les choses et les hommes. Je comprends les conditions que le temps et les évènements ont fait à la société actuelle; je reconnais les intérêts nouveaux qui, de toutes part, se sont créés en France et le rang social que se sont légitimement acquis l'intelligence et la capacité. Si la Providence m'appelle sur le trône, je prouverai, je l'espère, que je connais l'étendue et la hauteur de mes devoirs. Exempt de préjugés, loin de me renfermer dans un esprit étroit d'exclusion, je m'efforcerai de faire concourir tous les talents, tous les caractères élevés, toutes les forces intellectuelles de *tous* les Français, à la prospérité et à la gloire de la France. »

Le 22 décembre 1850, le prince écrit au même duc de Noailles :

« Je me suis constamment efforcé de prouver par mes paroles comme par ma conduite que, si la Providence m'appelle à régner un jour, je ne serai pas le roi d'une seule classe, mais le roi ou plutôt le père de *tous*. Partout et toujours je me suis montré accessible à *tous* les Français, sans distinction de classes et de conditions. Je les ai *tous* vus, *tous* écoutés, *tous* admis à se presser autour de moi.....

« J'apprécie tous les services qui ont été rendus à la patrie ; je tiens compte de tout ce qui a été fait, à différentes époques, pour la préserver des maux extrêmes dont elle était et dont elle est encore menacée. J'appelle tous les dévouements, tous les esprits, toutes les âmes généreuses, tous les cœurs droits, dans quelque rang qu'ils se trouvent, et sous quelque drapeau qu'ils aient combattu jusqu'ici, à me prêter l'appui de leurs lumières, de leur bonne volonté, de leurs nobles et unanimes efforts pour sauver le pays, assurer son avenir et lui préparer, après tant d'épreuves, de vicissitudes et de malheurs, de nouveaux jours de gloire et de prospérité.... ».

Nous pourrions multiplier les citations, car toutes les lettres du prince expriment les mêmes sentiments. Pour lui, il n'y a pas de classes privilégiées, tous les Français sont égaux ; ils ne diffèrent entre eux que par le talent, la vertu et le travail.

Nous trouvons encore les mêmes pensées dans le manifeste daté du château de Chambord et adressé aux Français, le 5 juillet 1871 :

« Je ne puis oublier que le droit monar-
« chique est le patrimoine de la nation, ni
« décliner les devoirs qu'il m'impose en-
« vers elle.

« Ces devoirs, je les remplirai, croyez-en
« ma parole d'honnête homme et de roi.

« Dieu aidant, nous fonderons ensemble « et *quand vous le voudrez*, sur les larges « assises de la décentralisation administra- « tive et des franchises locales, un gouver- « nement conforme aux besoins réels du « pays. »

N'est-ce pas là reconnaître le droit national ou démocratique avec lequel se confond le droit monarchique? Le prince n'invoque pas un droit supérieur à celui de la nation; il lui rappelle seulement une institution qui a fait la France et dont l'histoire donne quelque fierté au cœur des Français.

Il lui parle de la monarchie, parce qu'il est le descendant de ces rois qui, pendant de longs siècles, ont fait grandir et respecter la France, et qui l'ont rendue glorieuse dans l'industrie, dans la guerre, dans les arts, dans la littérature, en honorant tout ce qu'il y a de noble et d'élevé dans l'âme humaine.

VI

Les ouvriers.

Ayant reçu une éducation royale, le prince est au courant de toutes les questions sociales; il a spécialement étudié celle qui touche aux relations entre ouvriers et patrons. Voici comment il la comprend :

« L'opinion publique a le pressentiment d'une crise prochaine. Les ouvriers le partagent, et l'expression de leurs vœux après l'exposition de Londres suffit pour nous en convaincre (1).

« Il m'a donc semblé que le moment était venu de leur montrer que nous nous occupons de leurs intérêts, que nous connaissons leurs besoins et que nous avons à cœur d'améliorer, autant qu'il est en nous, leur situation.

(1) Ceci a été écrit le 20 avril 1865.

« En conséquence, j'ai pensé qu'il était utile d'appeler l'attention et la sollicitude de nos amis sur cette grave question. Essayons ici, après avoir signalé le mal, d'en indiquer le remède.

« 1° La royauté a toujours été la patronne des classes ouvrières. Les *établissements* de Saint-Louis, les *règlements* des métiers, le système des *corporations* en sont des preuves manifestes. C'est sous cette égide que l'industrie française a grandi, et qu'elle est parvenue à un degré de prospérité et de juste renommée qui, en 1789, ne l'a laissée inférieure à aucune autre.

« Qu'avec le temps et à la longue les institutions aient dégénéré; que des abus s'y soient introduits, c'est ce que personne ne conteste.

« Louis XVI, un de nos rois qui ont le plus aimé le peuple, avait porté ses vues sur les améliorations nécessaires; mais les économistes qu'il consulta servirent mal ses paternelles intentions, et tous leurs plans échouèrent. L'assemblée constituante ne se contenta pas, ainsi que l'avaient demandé les cahiers, de donner plus de liberté à l'industrie, au commerce et au travail, elle renversa toutes les barrières, et, au lieu de dégager les associations des entraves qui gênaient, elle prohiba jusqu'au droit de réunion et à la faculté de concert et d'entente. Les *jurandes* et les *maîtrises* disparurent. La liberté du travail fut proclamée, mais la liberté d'association fut détruite du même coup. De là cet individualisme dont l'ouvrier est encore aujourd'hui la victime. Condamné à être seul, la loi le frappe s'il veut s'entendre avec ses compagnons, s'il veut former, pour se défendre, pour se protéger, pour se faire représenter, une de ces unions qui sont de droit naturel, que commande la force des choses et que la société devrait encourager en les réglant.

« Aussi cet isolement contre nature n'a pu durer. Malgré les lois, des *associations*, des *compagnonnages*, des *corporations*, se sont ou rétablis ou maintenus. On les a poursuivis ; on n'a pu les anéantir. On n'a réussi qu'à les forcer de se refugier dans l'ombre du mystère, et l'individualisme proscrit a produit les sociétés secrètes, double péril dont soixante ans d'expérience ont révélé toute l'étendue.

« L'individu, demeuré sans bouclier pour ses intérêts, a été de plus livré en proie à une concurrence sans limites, contre lesquelles il n'a eu d'autre ressource que la *coalition* et les *grèves*. Jusqu'à l'année dernière, les *coalitions* étaient passibles de peines sévères, qui tombaient la plupart du temps sur les ouvriers les plus capables et les plus honnêtes, que la confiance de leurs camarades avait choisis comme chefs ou comme mandataires. C'était un tort ; on crut le faire cesser en autorisant légalement la *coalition*, qui, de délit qu'elle était la veille, est devenue le lendemain un *droit* : faute d'autant plus grave qu'on a négligé d'ajouter à ce droit ce qui aurait servi à en éclairer la pratique.

« En même temps se constituait, par le développement de la prospérité publique, une espèce de *privilège industriel* qui, tenant dans ses mains l'existence des ouvriers, se trouvait investi d'une sorte de domination qui pouvait devenir oppressive, et amener par contre-coup les crises funestes. Il est juste de reconnaître qu'il n'en a pas abusé autant qu'il l'aurait pu. Mais malgré la généreuse bienveillance d'un grand nombre de chefs d'industrie et le zèle dévoué de beaucoup de nobles cœurs, malgré la création des sociétés de *secours mutuels*, des *caisses de secours*, des *caisses d'épargne*, des *caisses de retraite*, des œuvres pour le logement, pour le service des malades, pour l'établissement des écoles dans les manufactures, pour la moralisation des divertissements, pour la réforme du *compagnonnage*, pour les soins aux infirmes, aux orphelins, aux vieillards, malgré tous les efforts de cette charité chrétienne qui est particulièrement l'honneur de notre France, la *protection* n'est pas encore suffisamment exercée partout, et les intérêts moraux et matériels des classes ouvrières sont encore grandement en souffrance.

« Voilà le mal tel qu'une rapide et incomplète esquisse peut en donner l'idée. Il est évidemment une menace pour l'ordre public. Aussi convient-il avant tout de l'examiner avec la plus sérieuse attention.

« 2° Quant aux remèdes, voici ceux que les principes et l'expérience paraissent indiquer :

« A l'individualisme opposer l'association ; à la concurrence effrénée, le contre-poids de la défense commune ; au privilège industriel, la constitution volontaire et réglée des corporations libres.

« Il faut rendre aux ouvriers le droit de se concerter, en conciliant ce droit avec les impérieuses nécessités de la paix publique, de la concorde entre les citoyens et du respect des droits de tous. Le seul moyen d'y parvenir est la liberté d'association sagement réglée et renfermée dans de justes bornes. Or, il est à remarquer que c'est là précisément la demande instante par laquelle se terminent les vœux de tous les délégués à l'exposition de Londres.

« Ce ne sera du reste, que la régularisation légale d'une situation qui, à propos de cette exposition, s'est révélée tout à coup, à la grande surprise de l'administration alarmée. Car on a bien été obligé de reconnaître alors que, par le fait, malgré la législation et contre elle, ces associations existaient déjà, qu'elles s'étaient réformées sous l'abri du secret et en dehors de toute garantie. Les rapports des délégués ont été publiés, et ils concluent tous à la constitution libre des associations et des syndicats. La couleur dont ces rapports sont parfois empreinte est une raison de plus pour qu'on s'en inquiète, et qu'on cherche à dégager de ce qu'ils ont de faux et de pernicieux ce qu'ils peuvent avoir de juste et de vrai.

« En un mot, ce qui est démontré, c'est la nécessité d'associations volontaires et libres des ouvriers pour la défense de leurs intérêts communs. Dès lors il est naturel que dans ces associations, il se forme, sous un nom quelconque, des *syndicats*, des *délégations*, des *représentations*, qui puissent entrer en relation avec les patrons ou syndicats de patrons pour régler à l'amiable les différends relatifs aux conditions du travail, et notamment au salaire. Ici, la communauté d'intérêts entre les patrons et les ouvriers sera une cause de concorde et non d'antagonisme. La paix et l'ordre sortiront de ces délibérations, où, selon la raison et l'expérience, figureront les mandataires les plus capables et les plus conciliants des deux côtés. Une équitable satisfaction sera ainsi assurée aux ouvriers ; les abus de la concurrence seront évités autant que possible, et la domination du privilège industriel resserrée en d'étroites limites.

« L'autorité publique n'aura rien à craindre, car, en sauvegardant les droits d'autrui, loin d'abandonner les siens, elle en maintiendra au contraire l'exercice avec la haute influence, comme avec les moyens de force et de précautions qui lui appartiennent. Toute réunion devra être accessible aux agents du pouvoir. Aucune ne se tiendra sans une déclaration préalable, et sans que l'autorité, si elle le juge à propos, ait la faculté d'être présente. Les réglements devront lui être communiqués, et elle aura soin que jamais le but et l'objet des réunions ne puissent être ni méconnus ni dépassés. Laissant une entière liberté aux débats et aux transactions, elle n'interviendra qu'amiablement, et à la demande des deux parties pour faciliter leur accord. Elle sera toujours en mesure de réprimer sévèrement les troubles, les manœuvres et les désordres. Des commissions mixtes, des syndicats de patrons et d'ouvriers pourront se rassembler sous son égide pour entretenir les bons rapports, et prévenir ou vider les différends.

« Enfin, l'intervention généreuse des particuliers devra être admise pour venir en aide aux ouvriers, et pour exercer à leur égard, en toute indépendance et avec la pleine liberté du bien, les ministères de protection et de charité chrétienne mentionnés plus haut.

« En résumé, droit d'association sous la surveillance de l'État, et avec le concours de cette multitude d'œuvres admirables, fruits précieux des vertus évangéliques, tels sont les principes qui semblent devoir servir efficacement à délier le nœud si compliqué de la question ouvrière.

« Qui ne voit d'ailleurs que la constitution volontaire et réglée des corporations libres deviendrait un des éléments les plus puissants de l'ordre et de l'harmonie sociale, et que ces corporations pourraient entrer dans l'organisation de la commune et dans les bases de l'électorat et du suffrage ? Considération qui touche un des points les plus graves de la politique de l'avenir.

«En présence surtout des difficultés actuelles ne semble-t-il pas que, fidèle à toutes les traditions de son glorieux passé, la royauté vraiment chrétienne et vraiment française doive faire aujourd'hui pour l'émancipation et la prospérité morale et matérielle des classes ouvrières, ce qu'elle a fait en d'autres temps pour l'affranchissement des communes? N'est-ce pas à elle qu'il appartient d'appeler le peuple du travail à jouir de la liberté et de la paix, sous la garantie nécessaire de l'autorité, sous la tutelle spontanée du dévouement, sous les auspices de la charité chrétienne? »

VII

L'agriculture.

Comme la question ouvrière, celle de l'agriculture a été aussi l'objet des méditations du prince. Voici comment il s'exprime à cet égard dans une lettre du 12 mars 1866:

« L'agriculture française est dans un état de souffrance qui mérite une très sérieuse attention. La France est essentiellement agricole, et la prospérité des champs y est étroitement liée à celle de l'industrie et du commerce. Les productions du sol sont la première richesse. C'est le sol qui nourrit la nation. C'est lui qui est le juste objet de l'attachement et du zèle dévoué de ses habitants. C'est sur lui que pèsent les plus lourdes charges. Dans les crises publiques, c'est lui qui est aujourd'hui le plus sensiblement atteint, et, aux heures de détresse, c'est encore lui qui offre les dernières ressources et fait le plus généreusement les sacrifices suprêmes. L'équité, la politique et l'intérêt de tous sollicitent donc pour l'agriculture les soins éclairés et le constant appui d'une protection efficace. Aussi la royauté l'a-t-elle eue de tout temps en grande estime et en haute faveur. Qui n'a gardé le souvenir du mot si populaire de mon aïeul Henri IV, vive expression de sa sollicitude pour le bien être de l'agriculture? Et qui ne sent la vérité de ce que disait pareillement son fidèle et sage ministre : « Le labourage « et le pâturage sont les deux mamelles de « la France? » ..... Quiconque aime sincèrement sa patrie reconnaît la gravité de la situation et l'urgente nécessité d'y pourvoir.

« Naturellement la culture du blé, la plus importante de toutes, est celle qui souffre davantage, tant à raison du rang qu'elle occupe dans le travail national qu'à cause du régime auquel de récents traités et la législation qui s'en est suivie l'ont soumise. Ses pertes ont été évaluées à des chiffres énormes, qui, dût-on les réduire, n'en accusent pas moins une véritable détresse. Or, tandis que le blé est à vil prix et ne rend pas à celui qui le cultive le fruit de ses labeurs, le pain reste cher, et la population ouvrière ne profite pas du bon marché qui ruine la population rurale.

« L'élève du bétail n'est pas dans de meilleures conditions. Malgré le développement de cette branche de produits, malgré l'accroissement de la consommation, malgré les ravages du typhus dans des contrées voisines, les prix ne se sont pas relevés, et en même temps la viande de boucherie a continué d'être portée à des taux de plus en plus exagérés. Quelle peut être l'explication de ces phénomènes ? »

Et le prince pose ensuite une série de questions, pour la solution desquelles il réclame une enquête sérieuse et libre de tout système préconçu.

C'est par de telles préoccupations patriotiques qu'il témoigne le vif intérêt qu'il porte aux classes laborieuses et qu'il sollicite la régénération de la France. Sa lettre du 20 avril 1865 a déjà produit d'excellents fruits. Au Val-des-Bois, près de Reims, une corporation ouvrière chrétienne est en plein exercice, et M. Léon Harmel nous en a tracé la très intéressante histoire dans son *Manuel d'une corporation.*

VIII

Associations ouvrières.

« Qu'y avait-il donc, se demande M. le comte Albert de Mun, qu'y avait-il donc dans ces vieilles traditions, dans cette antique constitution du travail? Je ne veux pas vous faire ici l'histoire des anciennes corporations ; d'autres l'ont faite devant vous pendant notre assemblée, et d'ailleurs, la ville de Nantes en a gardé des souvenirs encore vivants. Je ne me laisserai pas aller à l'attrait de ces poétiques évocations du passé par lesquelles on pourrait m'accuser de détourner cet entretien de sa conclusion pratique ; ce que je veux dire, ce que je veux dégager de cette histoire, c'est qu'autrefois, il y avait dans toutes les conditions et dans tous les milieux, des liens entre les hommes ; c'est que l'influence du christianisme, en pénétrant les âmes du sentiment de la charité et de l'amour de la justice, rapprochait entre eux les individus et les classes, réglant toutes leurs relations sociales, les unissant par un échange de services réciproques et par la communauté des intérêts et formant entre les cœurs les nœuds d'une affection fraternelle. Personne ne se sentait seul et abandonné ; tout le monde appartenait à un corps organisé qui apportait à chacun de ses membres la force d'une solidarité commune ; dans le monde du travail, cet état des mœurs éclatait et portait ses fruits plus que partout ailleurs ; il y avait entre les patrons et les ouvriers, un lien de famille qui constituait les uns dans une sorte de paternité vis-à-vis des autres, un lien religieux qui favorisait entre eux la pratique des sentiments chrétiens, un lien matériel qui leur donnait le besoin d'un constant et intime accord, de vieilles coutumes enfin qui assuraient aux uns et aux autres, dans le règlement de leurs affaires, une équitable protection de leurs intérêts.

« Voilà quelle était l'essence des corporations, et c'est ainsi que, pendant des siècles, elles ont vécu, assurément avec des imperfections, avec des excès et des abus, mais toujours, quelle que fût leur forme, quels que fussent les incidents de leur existence, offrant à tous le bienfait de la stabilité, la certitude du lendemain, un point d'appui pour les faibles, un abri pour tous pendant la vie et jusqu'après la mort (1). »

---

(1) Discours prononcé à Nantes le 2 décembre 1882

C'est ainsi que la monarchie comprend la fraternité et qu'elle l'a pratiquée sous la douce influence du christianisme. Aujourd'hui, le christianisme est exclu de la législation et de l'enseignement, et il semble que le caractère français ait perdu de son ardeur chevaleresque à entreprendre de grandes choses.

Cependant le peuple est chrétien, et dans son semblable il veut voir un frère. Son cœur a besoin de fraternité. Le plus sincère désir du prince est de donner satisfaction à ce besoin, et, dès 1844, il écrivait à un pair de France : « Je regarde comme un devoir « d'étudier tout ce qui se rattache à l'orga- « nisation du travail et à l'amélioration du « sort des classes laborieuses. Quels que « soient les desseins de la Providence sur « moi, je n'oublierai jamais que le grand « roi Henri IV, mon aïeul, a laissé à tous « ses descendants l'exemple et le devoir

« d'aimer le peuple. C'est là un héritage « qui ne peut m'être enlevé, et mes amis ne « sauraient me rendre un meilleur service « que de faire connaître ces sentiments qui « sont dans mon cœur (1). »

IX

La noblesse.

Les documents que nous venons de citer ne laissent aucun doute sur les intentions du prince.

Le prince reconnait la démocratie, qui n'est pas autre chose que la souveraineté du peuple. C'est pourquoi il a dit, le 5 juillet 1871, s'adressant aux Français : « Nous fonderons « ensemble et *quand vous le voudrez*, un « gouvernement conforme aux besoins réels « du pays. » Il reconnaît donc à la nation

(1) Lettre au vicomte du Bouchage, 11 octobre 1844.

entière le droit de choisir la forme de gouvernement qui lui convient ; mais il ne cesse de lui rappeler « qu'une nation chrétienne « ne peut pas impunément déchirer les pages « séculaires de son histoire, rompre la chaîne « de ses traditions, inscrire en tête de sa « constitution la négation des droits de Dieu, « bannir toute pensée religieuse de ses codes « et de son enseignement public.

« Dans ces conditions, elle ne fera jamais « qu'une halte dans le désordre, elle oscil- « lera perpétuellement entre le césarisme et « l'anarchie, ces deux formes également « honteuses des décadences païennes, et « n'échappera pas au sort des peuples infi- « dèles à leur mission (1).

« Prenant Dieu à témoin, je déclare à la « France et au monde que fidèle aux lois du « royaume et aux traditions de mes aïeux,

(1) Lettre du 8 mai 1871.

« je conserverai religieusement jusqu'à mon
« dernier soupir le dépôt de la monarchie
« héréditaire dont la Providence m'a confié
« la garde, et qui est l'unique porte de salut
« où, après tant d'orages, cette France, ob-
« jet de tout mon amour, pourra retrouver
« enfin le repos et le bonheur (1). »

Mais, a-t-on dit, si le comte de Chambord monte sur le trône, il sera le roi d'une caste privilégiée, le roi de l'ancien régime, de l'ancienne noblesse, de l'ancienne cour. A cette objection, le prince a répondu dans sa lettre du 22 décembre 1850 : J'ai toujours
« cru, et je suis heureux de me voir ici d'ac-
« cord avec les meilleurs esprits, que désor-
« mais *la cour ne peut plus être ce qu'elle*
« *était autrefois* (2). »

(1) Manifeste de 1852.
(2) Lettre au duc de Noailles.

Il y aura donc encore une cour, une noblesse, une aristocratie? Certainement, parce que la démocratie n'exclut pas la noblesse et qu'il n'y a pas de peuple sans aristocratie. En effet, qu'est-ce que la noblesse? Qu'est-ce que l'aristocratie? « La noblesse, dit M. Anatole de Barthélemy, est la considération qui s'attache à une personne ou à une famille par un fait éclatant, par un service public. Être *connu* personnellement dans un pays, c'est être noble (1).

« L'aristocratie est l'ensemble des citoyens qui l'emportent par leur savoir, par leur influence, par leur fortune, par des souvenirs de famille, qui sont une garantie. L'aristocratie se compose de ceux qui peuvent le mieux seconder le pouvoir exécutif : d'abord parce qu'ils sont les plus à même de

(1) *Noble* dérive du latin *nobilis*, qui dérive de *notabilis*, qui dérive de *notus*, connu.

juger les évènements ; ensuite parce qu'ils sont les plus intéressés à la prospérité et au salut du pays. Ce sont ceux qui ont le plus à perdre en cas de catastrophe (1). »

La noblesse et l'aristocratie sont donc la résultante du jeu ou de l'exercice de la liberté. C'est pourquoi ils sont criminels ceux qui compriment la liberté, parce qu'ils empêchent le bien de se produire et refoulent au fond du cœur le dévouement pour la patrie.

L'Église en consacrant les rois leur dit : « Vous récompenserez les bons. » C'est ce que tous les gouvernements ont fait. Sous la féodalité, la récompense consistait en lots de terre ; sous la Convention en armes d'honneur. Aujourd'hui elle consiste en un signe soit matériel, soit moral. Le signe matériel est une décoration, comme celle de la Légion

(1) De l'aristocratie au XIXe siècle.

d'honneur ou celle de Saint-Louis. Le signe moral est celui qui s'attache au nom, afin qu'il se transmette avec la famille.

Ces différentes distinctions, accordées pour récompenser tous les services rendus à la chose publique, par le simple soldat aussi bien que par le savant, par le magistrat aussi bien que par le chef d'armée, constituent une véritable noblesse ou aristocratie, mais dépourvue de privilèges, n'étant que la réunion des plus méritants de la nation. Le girondin Rabaud Saint-Etienne, qui ne peut-être suspect aux partisans de la Révolution, avait dit qu'il fallait absolument des distinctions personnelles, si on voulait éviter que l'Etat tombât dans l'anarchie ou fût livré au despotisme. Et M. le sénateur Delangle, dans son éloquent rapport au Sénat sur l'article 259 du code pénal, a dit : « Que la noblesse apparaisse comme le prix du courage, de services rendus à la patrie, du devoir poussé jusqu'au sacrifice; que l'espoir de la conquérir excite et soutienne l'émulation, une telle idée mérite faveur, elle profite à la société. »

La noblesse ne peut donc pas être une caste privilégiée; elle doit être accessible à quiconque a mérité une récompense nationale, par son courage dans l'armée, par son intelligence dans l'agriculture, l'industrie, les arts, les sciences et les lettres. Ainsi comprise, la noblesse s'allie naturellement avec la démocratie.

Supprimez au contraire la noblesse et les récompenses nationales, vous abaissez aussitôt le niveau social, vous provoquez le nivellement des supériorités, vous brisez les ressorts de l'âme qui poussent l'homme à se sacrifier pour son semblable, et vous arrivez ainsi à l'aplatissement, selon l'expression de Michelet. « L'art social, dit-il, ne consiste point à supprimer le sacrifice, mais à placer si bien les âmes dans la grandeur de leur nature, qu'elles aiment à se sacrifier. Tous ont au cœur cette étincelle, un foyer latent d'héroïsme. Il s'agit de dégager la flamme qui d'elle-même surgit en peu d'hommes, de généraliser l'héroïsme, de faire que, de plus en plus, il soit exercé sans effort, révélé en tous, élément visible de la constitution humaine. Mais que l'effort y devienne entièrement inutile, ne l'espérons pas. La plus forte, la plus complète éducation civique n'obtiendra pas ce résultat. Il faut que l'effort subsiste en ce monde, et le travail, et la sueur, et les douloureux sacrifices. C'est là le sel du monde, c'est ce qui en dégage sans cesse l'élément le meilleur, la force de l'âme. Un monde facile et commode, où tout roulerait sur un rail glissant et rapide, ne serait pas seulement aplani, mais *aplati*. Toute âme y deviendrait vulgaire, molle, incapable d'élan, prête à choir, s'il restait encore quelque légère aspérité du sol qu'elle heurterait par hazard. Pour avoir voulu servir l'homme, on l'aurait énervé sans remède dans le présent, ruiné pour l'avenir, en ce qui fait le trésor de sa meilleure vitalité (1). »

X

L'hérédité royale.

L'hérédité royale est le principe qui a fait de la France une nation grande, forte et glorieuse. Elle est, dit un publiciste, le travail constant, souvent obscur et mystérieux, mais inspiré, guidé par la Providence, des deux premières races et des premiers siècles de notre histoire. Elle apparaît comme constitution définitive et dogme politique fondamental de la France, avec la troisième

---

(1) *Le Banquet*, 1879.

race, issue des deux autres et visiblement prédestinée (1). Elle est la force d'attraction et de coordination, attirant et ordonnant tous les éléments politiques de notre patrie.

Royer-Collard a dit de l'hérédité royale qu'elle est l'idée la plus profonde et la plus féconde qui soit entrée dans les sociétés modernes, qui rend sensible à tous, dans une image immortelle, le *droit*, ce noble apanage de l'espèce humaine, le droit sans lequel il n'y a rien sur la terre qu'une vie sans dignité, une mort sans espérance. C'est le droit qui a créé la légitimité politique, et le principe de la légitimité du pouvoir en est sorti à l'aide du temps, à l'aide de la durée (2). La durée a été assurée par l'hérédité qui est la

---

(1) J. Sagette. Préface à l'*Hérédité royale* de H. Lemoine.

(2) Guizot, *histoire de la civilisation en Europe*, troisième leçon.

meilleure garantie de la stabilité du pouvoir et de la liberté des gouvernés.

« L'hérédité, écrit Henri Lemoine, l'hérédité empêche les novateurs de discuter le pouvoir; elle seule peut avoir cette puissance, elle puise dans son principe la force nécessaire pour cet effet. Tout autre pouvoir, même à vie, est discutable et puise dans son principe un germe d'inanité et de mort. Est-ce à dire, pour cela, que la nation sera livrée à un homme ou à une dynastie, car là est la grande objection qu'ont faite nos adversaires? Nous répondons hardiment: non. L'hérédité n'est pas seulement au dessus de la souveraineté nationale qui l'a faite un jour pour qu'il n'y puisse plus désormais être porté atteinte: elle est au-dessus du Roi lui-même, en ce sens qu'il ne peut changer l'ordre de succession dans sa famille. On a dit avec raison que le pouvoir royal est une substitution perpétuelle dont chaque roi est le titulaire et qu'il ne peut empêcher de passer sur la tête de son successeur le plus proche. L'hérédité constitue le pouvoir; elle est hors des caprices de la foule et des convoitises des prétendants, c'est pour cela qu'elle peut seule assurer la stabilité du pouvoir. Avec la monarchie héréditaire, on peut discuter les actes du pouvoir en s'adressant aux ministres, sans jamais atteindre le principe d'autorité, parce que le représentant du principe d'autorité a été mis au-dessus de toute discussion dans l'intérêt de l'État. Avec le système électif où le pouvoir est resté dans le peuple et se trouve au-dessous du titulaire, mais au-dessus de la souveraineté nationale, il est toujours permis à la plus minime fraction de cette souveraineté nationale de discuter non seulement les actes du titulaire, mais le pouvoir lui-même pour le jour où l'on donnera un nouveau chef à l'État. C'est l'anarchie.

« Qu'on n'aille pas objecter que l'hérédité est un avantage injustement créé pour tous les aînés d'une famille privilégiée. L'hérédité n'est pas créée dans le but d'avantager une famille, mais bien pour assurer au pouvoir la stabilité et à l'État la sécurité dont ils ont tant besoin. La famille, c'est un accident, fort heureux d'ailleurs, surtout quand elle est grande et généreuse et qu'elle se montre à la hauteur de sa mission, et sur ce point notre pays n'a pas à se repentir de ses quatorze siècles de monarchie. Mais l'institution n'en reste pas moins la seule chose qui soit, avant tout, à considérer.

« C'est encore un reproche enfantin adressé à la monarchie héréditaire que de prétendre qu'elle enchaîne les libertés populaires. Elle en est, au contraire, la gardienne la plus fidèle, témoin notre monarchie française. Grâce à elle, naquirent ces libertés municipales respectées par Louis XIV lui-même et qui ne furent étouffées que par la Révolution (1). »

Les jours que nous traversons favorisent singulièrement la restauration de la royauté héréditaire en France. Nous vivons en des temps où, selon l'expression de M. Guizot, « les forces individuelles se déploient dans le monde avec tous leurs hazards et leurs caprices, des temps où l'égoïsme domine dans les individus, soit par ignorance et brutalité, soit par corruption. La société, livrée au combat des volontés personnelles, et ne pouvant s'élever par leur libre concours à une volonté commune, générale, qui les rallie et les soumette, aspire avec passion vers un souverain auquel tous les individus soient obligés de se soumettre (2). »

Mais dans le souverain, ce n'est pas tant

---

(1) *De l'hérédité royale*, p. 27.
(2) Guizot, *histoire de la civilisation en Europe*. Leçon neuvième.

l'homme que le refuge salutaire de la royauté qu'on voudrait retrouver. « La royauté est tout autre chose que la volonté d'un homme, quoiqu'elle se présente sous cette forme. Elle est la personnification de la souveraineté de droit, de cette volonté essentiellement raisonnable, éclairée, juste, impartiale, étrangère et supérieure à toutes les volontés individuelles, et qui, à ce titre, a droit de les gouverner. Tel est le sens de la royauté dans l'esprit des peuples, tel est le motif de leur adhésion (1). »

Le prince, que l'hérédité royale désigne aujourd'hui comme Roi de France, est celui qui a reçu en naissant le titre de duc de Bordeaux, et qui a pris dans l'exil le titre de comte de Chambord. Nous avons démontré, dans les pages qui précèdent, combien il est digne par son travail austère, par sa haute

---

(1) Ibid.

intelligence, par la droiture de son caractère, par son grand cœur, d'occuper le trône et de porter la couronne de France. Chateaubriand a dit de lui :

« Henri V est taillé pour la royauté. En l'écoutant, on sent poindre un nouvel univers. Mais il est bien décidé à ne jamais devenir une difficulté de plus pour notre malheureuse patrie. Il a l'héroïsme de la patience. »

Après Henri V, c'est le comte de Paris, chef actuel de la branche cadette des Bourbons, qui est appelé à lui succéder. Il est né le 24 août 1836, et son éducation l'a admirablement préparé à être, lui aussi, un grand roi. Comme le comte de Chambord, le comte de Paris a consacré ses loisirs à des travaux d'économie politique. Il s'est occupé de questions industrielles et a publié un livre remarquable sur les *Associations ouvrières dans la Grande-Bretagne.*

Ce prince d'Orléans est le frère du duc de de Chartres et le neveu des ducs de Nemours, d'Aumale, de Montpensier et du prince de Joinville. C'est dire qu'il a puisé dans son auguste famille les sentiments de bravoure et de patriotisme. Comme eux, il a le cœur loyal et l'âme ferme et droite.

L'hérédité nous procure donc ce bienfait social, celui de reconstituer la monarchie avec la vieille maison de France, avec la famille de nos princes, qui est la première famille française, la première par l'antiquité, l'illustration, les services et le dévouement : la première et la plus française, antique et moderne, historique et contemporaine, séculaire et jeune comme l'espérance; la parfaite image et comme la vivante réduction de la France (1).

(1) J. SAGETTE. *De l'hérédité royale.* Préface.

GRANDES DAMES

La princesse de Condé.

C'était à l'époque où monseigneur de Nantes allait recevoir la consécration épiscopale dans son église de Caen, dont il avait été, pendant de longues années, le vénéré pasteur. L'ancien évêque d'Autun, monseigneur de Marguerie, devait assister à cette cérémonie religieuse.

Monseigneur de Marguerie avait quitté son évêché à cause de son grand âge, et s'était retiré au couvent des Bénédictines de Paris. C'est là que je fus introduit auprès du vieillard, lorsqu'il sut que j'étais le beau-père de son cousin, alors avocat-général près la cour d'appel de Caen, démissionnaire depuis les décrets contre lesquels a protesté le savant et illustre jurisconsulte français, M. Demolombe.

Le couvent des dames Bénédictines est situé dans un des quartiers les plus paisibles de Paris ; on s'y croirait en province, et la rue qu'elles habitent, la rue de Monsieur, est des plus calmes et des plus silencieuses.

En entrant dans cette maison de paix et de prière, je ne pus que traverser le vestibule pour me rendre aux appartements du prélat. Cependant j'aurais désiré visiter le tombeau de la mère Marie-Joseph de la Miséricorde, dont le corps repose à l'ombre de cet asile du recueillement.

Cette sainte femme a été la fondatrice des Bénédictines de l'Adoration perpétuelle. Mais avant d'ensevelir son existence dans un cloître pour être plus près de Dieu, la mère Marie-Joseph avait été une des plus grandes dames du monde le plus aristocratique de

France. Elle était née dans un palais et s'appelait Louise-Adelaïde de Bourbon-Condé ; elle était donc issue de sang royal.

C'est de cette femme d'une si haute naissance, que la baronne d'Oberkirch a dit dans ses mémoires : « Cette princesse est d'une « bonté dont rien ne peut donner une idée. « Son esprit est orné et plein de saillies. « Elle ne veut absolument pas se marier. « Mme la duchesse de Bourbon assure qu'elle « aime quelqu'un, que ce quelqu'un n'est pas « de race royale, et qu'elle se mettra au « couvent, pure et sainte comme elle est, « plutôt que de donner sa main sans son « cœur. Je ne sais ce qu'il y a de vrai, mais « le visage de son altessse sérénissime « montre une tristesse habituelle, ou plutôt » une mélancolie invincible. »

Ce qui était un mystère pour madame d'Oberkirch vient d'être dévoilé par un livre, que M. Paul Viollet a publié récemment sous le titre de *Lettres intimes de Mlle de Condé à M. de la Gervaisis*. Un portrait de la royale jeune fille, reproduit d'après une miniature du temps (1786-1787), accompagne cette intéressante publication. « Dans cette miniature, écrit Mlle Clarisse Bader à son amie la comtesse de Chambrun, Mlle de Condé répond bien réellement à cette épithète qui la désignait : *la déesse blanche à face ronde*. Son opulente chevelure retombe en boucles sur un front pur et sur des épaules chastement enveloppées d'un fichu Marie-Antoinette, qu'un bouquet de fleurs attache sur la poitrine. Par le galbe arrondi du visage, par la délicatesse des traits, par la candeur de l'expression, cette figure aurait quelque chose d'enfantin, si la tendre et lumineuse profondeur du regard, la finesse enjouée du sourire, ne trahissaient la femme qui sait penser, aimer, se dévouer; la femme qui aujourd'hui sait être heureuse, et qui demain saura souffrir. »

En 1786, la princesse de Condé se trouvait avec son père aux eaux de Bourbon-l'Archambault. Là, se trouvait aussi un jeune officier des carabiniers de Monsieur; il leur fut présenté. C'était le marquis de la Gervaisis, gentilhomme breton, à peine âgé de vingt ans, mais attristé déjà par la vue des abus qui se glissaient à la cour. Son esprit, nourri des doctrines philosophiques du temps, était accessible à toute idée de dédain des fausses grandeurs.

M. de la Gervaisis fut frappé de la modestie presque austère de Mlle de Condé. Les deux jeunes gens se révélèrent leurs pensées; ils se comprirent, ils s'aimèrent.

Mais après quarante-cinq jours passés ensemble dans la solitude, sous des ombrages où ils se livraient à leurs rêves de bonheur, il fallut se séparer. Les adieux furent déchirants; Mlle de Condé ne revit plus M. de la Gervaisis.

Une correspondance s'établit néanmoins entre eux, et elle nous apprend que des démarches furent faites auprès du Roi pour obtenir son consentement à leur mariage. Mais l'étiquette, la règle de la cour, était inflexible; le roi ne pouvait autoriser une union entre une princesse du sang et un simple gentilhomme. Louis XIV lui-même, dans toute sa puissance, n'a pas osé confirmer l'union de la grande Mademoiselle avec M. de Lauzun.

L'âme de la fille des Condé est brisée, et cependant de nouvelles luttes viennent l'assaillir. M. de la Gervaisis veut se rendre à Paris. La princesse est informée que le monde, celui des oisifs et des indifférents, commence à jaser de sa liaison, que des propos moqueurs circulent; la royale enfant prend peur et elle supplie celui qu'elle aime et qui l'aime, elle le supplie, au nom de son amour pour elle, de ne pas paraître dans les salons de la capitale. Mais elle ne redoute pas seulement les bruits du monde, elle a peur pour elle-même :

« O mon ami, j'ai réfléchi à notre liaison,
« moins de trois semaines ont suffi pour la
« former : en un instant nous n'avons plus,
« pour ainsi dire, vu que nous dans le
« monde, et nous nous sommes dit : c'est
« de l'amitié; de l'amitié? Oh! j'ai été aveu-
« gle, bien aveugle; mais j'ai descendu
« dans le fond de mon cœur, je l'ai scruté;
« en le connaissant bien, je crois connaître
« le vôtre : tous deux sont loin, j'en conviens,
« de penser à profaner les sentiments qu'ils
« éprouvent l'un pour l'autre. Jusqu'à ce
« moment, ils ont été purs, ces sentiments...
« mais si jamais... oh! non, non! je ne puis
« supporter l'idée de m'exposer, même

« dans un temps éloigné, à ce que je crains « le plus au monde. »

Ces combats, le cœur humain ne peut les soutenir bien longtemps. Mlle de Condé était une femme éminemment chrétienne. Elle a aimé passionnément M. de la Gervaisis, mais elle ne faillit jamais à son devoir. Elle veillait constamment à ce que la passion ne pût jamais profiter d'un moment de faiblesse. Enfin, elle rompt définitivement avec M. de la Gervaisis; elle eut le courage de faire ce sacrifice. « Depuis long« temps, lui écrit-elle, je le demande à « mon Dieu, ce courage; ce n'est qu'au« jourd'hui qu'il me l'accorde... Oh! ne me « haïssez pas! mais ne m'aimez plus, ne « pensez plus à moi, si cela peut troubler « votre vie... Adieu, adieu, mon ami... Si « vous saviez combien j'ai désiré de mou« rir, depuis que je vous ai écrit!... Cepen« dant, le croiriez-vous? Je suis soulagée

« de vous avoir écrit tout ceci : quelque « malheureux qu'on soit, remplir ce que « l'on croit être son devoir, fait toujours du « bien à l'âme oppressée... »

Lorsque cette âme ardente fut rentrée en possession d'elle-même, un autre amour prit peu à peu la place de celui qui l'avait si profondément remuée. Ce nouveau sentiment avait sa source dans les régions les plus pures et les plus hautes. C'était l'amour divin, l'amour de Jésus-Christ, dont la croix sera l'inspiration éternelle des grands sacrifices, comme elle est la consolation des cœurs affligés. Louise-Adélaïde de Condé se retira du monde et vécut désormais d'une vie ascétique. Ce cœur qui avait tant aimé éprouvait toujours le besoin d'aimer, et son amour devint une prière incessante.

La royale princesse réunit autour d'elle des jeunes filles que le silence du cloître attirait, et toutes vécurent ensemble, sous la règle de Saint-Benoit, dans la méditation et la contemplation du divin époux.

La fondatrice de la communauté des Bénédictines reçut le nom de Marie-Joseph de la Miséricorde, et sa communauté fut installée rue de Varennes ou de Babylone, dans un bâtiment dépendant de l'hôtel de sa belle-sœur, la duchesse de Bourbon.

Plus tard, après la Révolution et des années d'exil, les filles de Saint-Benoît se retirèrent dans l'enclos du Temple, où tout en priant pour les augustes morts de la famille royale, elles prièrent pour la France. « C'est là, dit Mlle Bader, que mourut en 1824, cette sainte femme qui ne connut d'autres remords que les souvenirs d'un cœur aussi pur que tendre; cette vaillante fille des Condé, qui, sous l'habit monastique, gardait un certain faible pour les boulets de canon; cette ferme chrétienne qui eut le courage de tous les sacrifices. »

Quand les Bénédictines, expropriées de cette retraite du Temple, émigrèrent dans la rue de Monsieur, elles emportèrent avec elles les restes mortels de leur mère bien-aimée, afin qu'elles eussent toujours présente à l'esprit la destinée de cette femme de race royale, renonçant à toutes les grandeurs d'ici-bas pour proclamer, par l'humilité de sa vie et dans une adoration perpétuelle, que Dieu seul est grand.

La princesse d'Eckmühl,

Le 16 janvier 1868, le maire de Pontoise a fait au conseil municipal de cette ville l'exposé suivant :

« A la fin du siècle dernier, au moment où la patrie en danger appelait tous ses enfants à la défense du pays menacé et envahi par l'étranger, une famille de Pontoise se distingua particulièrement par son patriotisme, ce fut la famille Leclerc.

« Cette famille qui, depuis plus de quatre cents ans, avait donné à notre ville des citoyens notables et honorés pour leurs vertus civiques, embrassa avec ardeur la cause sainte de la défense de la patrie, et les enfants de Jean-Paul Leclerc prirent une part active et glorieuse aux évènements mémorables de cette époque; deux d'entre eux devinrent généraux, l'un fut préfet ;

Mlle Louise-Aimée-Julie Leclerc épousa le maréchal Davout, prince d'Eckmühl, duc d'Auerstaëdt; sa sœur, Louise-Françoise-Charlotte Leclerc, devint la femme du général comte Friant.

« Le sentiment populaire de notre cité cherchait depuis de longues années l'occasion de donner à cette illustre famille un témoignage éclatant de reconnaissance. Une circonstance se présente aujourd'hui qui permet de réaliser le vœu de la population.

« L'administration municipale, organe du vœu populaire, vous propose de décider qu'une statue sera érigée en l'honneur du général Leclerc (Victoire-Emmanuel) sur la plate-forme qui couronnera l'extrémité de la rue Impériale, à la hauteur de l'église Saint-Maclou. »

Le conseil municipal a voté à l'unanimité l'érection de cette statue, et, madame la maréchale Davout, informée par M. le Maire du projet de la ville de Pontoise relatif à son illustre frère, a accueilli avec une vive satisfaction l'expression du vœu de la population de sa ville natale, et lui a offert spontanément la statue du général Leclerc.

Cette statue, du plus beau marbre blanc, d'une grande dimension et d'une rare ressemblance, est l'œuvre de Lemot, statuaire distingué du premier empire. Elle fut commandée par Napoléon 1er, figura au Panthéon parmi les statues des grands hommes, et fut rendue au maréchal Davout par le roi Louis XVIII, lorsque le Panthéon redevint l'église Sainte-Geneviève.

Le conseil municipal de Pontoise a accepté avec gratitude le don de Mme la princesse d'Eckmühl, et lui a voté à l'unanimité des remercîments (1).

---

(1) Le général Leclerc. Notice historique par M. A.-P. de Forges, in-8°, 1869.

La princesse d'Eckmühl, dont la ville de Pontoise a conservé un si reconnaissant souvenir, appartenait à une de ces anciennes et honorables familles, qui, sans jouir des privilèges de la noblesse, l'approchaient néanmoins et en avaient toute la considération. Sous notre vieille monarchie française, la ligne de démarcation entre la Bourgeoisie et la Noblesse n'était pas aussi tranchée qu'on veut bien le prétendre de nos jours. Il y avait les nobles et les notables, et ces deux classes sociales se confondaient souvent; c'était chez elles que, dans nos provinces, se recrutait la magistrature locale.

Le grand-père de celle qui sera appelée à porter une couronne ducale, était conseiller en l'Élection de Pontoise, et son père, Jean-Paul Leclerc, conseiller du Roi au grenier à sel de cette ville, avait épousé, le 19 novembre 1765, Jeanne-Louise Musquinet, d'une famille honorée de longue date du suffrage des électeurs.

Après leur mariage, célébré dans l'église de Saint-Maclou, au pied de laquelle se dresse aujourd'hui la statue de leur fils Victoire-Emmanuel, M. et Mme Leclerc habitèrent une maison de la rue Basse, en face du collège. C'est là qu'ils donnèrent le jour à six enfants, baptisés dans l'église paroissiale de Notre-Dame :

1° Jean-Louis, né le 8 août 1767, qui se destinait à l'état ecclésiastique, et qui devint agent consulaire, membre du corps législatif et préfet de la Meuse ;

2° Jean-Nicolas-Marin, né le 14 septembre 1768, mort en bas-âge ;

3° Nicolas-Marin, dit des Essarts, né le 25 avril 1770, qui devint général de division et l'époux de la veuve du général comte d'Hautpoul ;

4° Victoire-Emmanuel, né le 17 mars 1772, qui, devenu général, épousa Pauline Bonaparte, la sœur du premier consul, est mort le 3 novembre 1802 à Saint-Domingue, dans l'île de la Tortue, et est enterré dans sa terre de Montgobert, près Soissons, (Aisne).

5° Louise-Françoise-Charlotte, née le 27 Juin 1776, qui épousa le général comte Friant, originaire de Picardie;

6° Louise-Aimée-Julie, née le 19 Juin 1782, qui épousa le maréchal Davout, prince d'Eckmühl et duc d'Auerstaedt.

« Mlle Aimée Leclerc était digne de cette union, dit M. Montégut dans son histoire du maréchal Davout. Née d'une famille d'excellente bourgeoisie, qui allait devenir, sous le consulat et l'empire, une famille toute militaire, elle unissait à une rare beauté une grande fermeté de caractère et cette loyauté du cœur qui seule fait les tendresses sûres et sensées. Elle avait reçu la meilleure éducation qu'il fût possible de recevoir au sortir du grand déluge, éducation qui aurait suffi pour la mettre d'emblée au niveau de la haute fortune que cette union allait lui faire quand bien même elle n'y aurait pas été préparée de longue date par les leçons d'une mère excellente, les exemples de la famille et les dons d'une nature foncièrement droite et sans petitesse d'aucune sorte. »

Sa maîtresse de pension avait été madame Campan, attachée autrefois au service de la reine Marie-Antoinette, et elle avait conservé les traditions de l'ancienne cour. Mlle Leclerc fut donc admirablement préparée au rôle que la Providence lui réservait dans le monde. « J'irai demain à Paris, et j'y verrai « pour vous l'aimable Caroline et Hortense, » lui écrit madame Campan. Et Caroline et Hortense sont deux de ses élèves qui seront un jour, l'une reine de Naples, et l'autre reine de Hollande.

Lorsque Mlle Aimée Leclerc annonça son mariage à son ancienne institutrice, celle-ci lui fit parvenir une lettre où elle lui traça une règle de conduite, telle qu'elle l'avait conçue pour une femme du grand monde, et dont la maréchale Davout ne paraît jamais s'être départie :

« Vous allez être une de celles qui réali-
« serez ce qu'on a caractérisé de *ma chimère*,
« occupée de convenir à tout le monde et de
« faire le bonheur d'un seul; soignée dans
« les moyens *décents* de plaire, mais pour
« donner uniquement à son mari le plaisir
« d'avoir une femme aimable. *Une bonne*
« *tête unie à un bon cœur sont nécessaires*
« *pour savoir bien aimer et pour aimer*
« *constamment*. Croyez-vous qu'un mari
« puisse être jamais infidèle, quand il trou-
« vera réunies dans sa femme de la grâce
« et de la simplicité dans les manières, du
« goût dans sa parure, mais de la modestie
« dans la mise et de l'économie dans la dé-
« pense; quand elle aura le matin veillé aux
« plus petits détails d'ordre dans sa mai-

« son, inspecté jusqu'à la propreté qui y
« est nécessaire, et que le soir elle recevra
« ses amis avec empressement, égards et
« politesse; quand elle soutiendra son ju-
« gement par des lectures utiles, et parta-
« gera son temps entre l'aiguille et le crayon;
« quand elle n'aura jamais de caprices,
« connaîtra les prérogatives des hommes et
« se réservera seulement le droit modeste
« et aimable de la représentation? Il fau-
« drait rencontrer un être odieux pour n'ê-
« tre pas sûre de son bonheur. »

M. Emile Montégut a eu la bonne fortune de connaître celle à qui madame Campan a adressé ces lignes d'une correction parfaite, et le portrait qu'il en a fait est si beau qu'il faut le reproduire :

« Mlle Aimée Leclerc, la future princesse d'Eckmühl, était extrêmement belle, d'une beauté imposante et fière qui la sacrait pour les pompes des fêtes royales et dont nombre de contemporains ont pu admirer jusque dans ces dernières années les superbes vestiges. Nul mensonge dans cette beauté, qui tenait non à ces charmes passagers destinés à s'évanouir avec les années, mais à ce qu'il y a dans l'être humain de plus indestructible, c'est-à dire la forme et la structure même. Comme sa belle-sœur la future princesse Borghèse, la nature l'avait créée avec une franchise exempte de toute mièvrerie et une correction pleine de magnificence. Nous ne craignons pas d'appuyer sur cet aimable sujet, car, si la beauté sous tous les régimes a toujours eu une influence sociale considérable, elle eut sous le régime consulaire une importance de premier ordre et fut pour ainsi dire un des instruments de la politique du nouveau régime. Ce n'était pas sans arrière-pensée personnelle que Bonaparte s'occupait de marier ses lieutenants et qu'il leur voulait des compagnes dignes d'eux ; mais il faut convenir que cette arrière-pensée avait sa grandeur. Vous rappelez-vous cette première scène des mémoires de Consalvi, envoyé par Pie VII comme négociateur du concordat auprès de Bonaparte ? Il arrive aux portes d'un palais entouré de gardes en grand uniforme, traversé de vastes salles où partout l'image de la puissance militaire s'impose à ses regards et lorsqu'enfin une dernière porte s'est ouverte et qu'une dernière tenture est tombée, il est ébloui par le plus inattendu des spectacles, le premier consul siégeant comme un roi au milieu de sa famille, de ses généraux reluisants de l'or de leurs costumes, et de leurs femmes étincelantes de bijoux et de pierreries. Il avait cru être envoyé chez une nation veuve de toutes ses splendeurs, et il tombait au milieu d'une cour aussi magnifique par la pompe et plus séduisante par le choix des personnes, toutes saisies par la grandeur dans la fleur même de leurs années ; qu'aucune de celles que ses yeux avaient jamais vues. Le service que l'incomparable artiste politique demandait à la jeunesse et à la beauté, c'était de montrer à l'Europe, après la grande tourmente, le miracle d'un printemps social qui fût la justification visible de la prétention qu'affichait la France de s'être renouvelée par la révolution. Le renouveau était là évident dans ces fiers jeunes gens revêtus de l'uniforme, et dans ces femmes toutes brillantes de grâce et d'élégance. Il fallait qu'on sût que cette France ne s'était pas tellement décapitée elle-même qu'elle ne fût désormais que le séjour de la tristesse, de la laideur et de la médiocrité. « Nous avions toutes « vingt ans, et ils avaient tous trente ans, » disait un jour devant nous la maréchale d'Eckmühl, repassant le souvenir de ses jeunes années. Quelques semaines après, nous lisions les mémoires de Consalvi et nous comprenions toute la portée de ces mots si simples. »

Mais le faste des palais n'était pas ce qui attirait la maréchale Davout. Le souvenir de la maison maternelle n'était pas effacé de son cœur. Sa mère était allée habiter dans la grande rue de Pontoise une maison désignée aujourd'hui sous le n° 14, ayant en façade six fenêtres et une porte cochère qui conduit à une cour rectangulaire, située entre le bâtiment principal et deux ailes parallèles. Ces ailes s'appuient au rocher, où se dressait, encore au seizième siècle, le châteaufondé par Saint-Louis. A mi-côte de ce rocher, s'étend une terrasse que surmonte un petit pavillon, d'où la vue se porte sur la ville et la campagne. Je saluai en passant cette demeure historique, lorsque je fus visiter l'antique souterrain, creusé dans le roc de Saint-

Louis, aujourd'hui la propriété de M. l'Intendant Soret de Boisbrunet.

Cette maison, qui avait reçu la sœur d'un souverain, n'avait rien perdu de sa simplicité primitive. Madame Leclerc y a vécu comme ces femmes de nos grands parlementaires que le roi exilait à Pontoise, lorsqu'ils résistaient à sa volonté. Elle aimait la solitude, son ménage, les soins de sa basse-cour ; elle filait le lin et elle en envoya à la mère du maréchal Davout, qui en fut enchantée. « On dirait de la soie, » lui écrit-elle; « aussi, j'ai bien du plaisir à tourner ma roue. » Voilà quelles étaient les occupations de ces deux mères d'hommes et de femmes illustres. La grandeur de leurs enfants ne les éblouit pas, et elles continuent le travail de la femme de la Bible, de la femme forte qui « a cherché la laine e le « lin, et a travaillé avec des mains sages et « ingénieuses. »

La princesse d'Eckmühl partageait les goûts maternels pour la vie retirée. « La maréchale, on le voit par ses lettres intimes, ne goûtait que médiocrement les fatigants plaisirs du monde, dit M. Montégut, et s'abstenait d'y paraître autant qu'elle pouvait. Elle préférait la tranquille existence de son Savigny, même avec un peu de solitude, à toutes les pompes de la cour. Embellir cette noble demeure, en diriger les constructions et les plantations, surveiller sa laiterie, ses moulins et sa basse-cour étaient son occupation favorite ; pour elle, ces soins de ménagère étaient tout plaisir, et le reste tout corvée. Les simples visites semblent avoir été pour elle une charge trop lourde ; il n'y a pour ainsi dire une lettre de son mari qui ne fasse foi de cette disposition qui le contrariait vivement, et souvent même l'affligeait. A chaque instant, il la rappelle à ces devoirs d'étiquette dont leur position commune lui fait une loi. « Es-tu enfin allée voir Mme Bonaparte, va donc voir Mme Bonaparte, je te recommande instamment d'aller chez Mme Bonaparte, » est le refrain presque obligé de chacun de ses billets. Il est aisé de voir à cette insistance que le maréchal craint les impressions défavorables que ces lenteurs de sa femme peuvent créer chez le premier consul et chez Joséphine, et les circonstances embarrassantes où cette circonstance peut le placer. »

Aussi, lorsque sonna pour le maréchal Davout l'heure de la disgrâce, la maréchale en reçut le contre-coup avec le stoïcisme d'une romaine des anciens jours. Les dotations d'Allemagne, de Pologne, d'Italie, toute cette fortune princière dont l'empereur avait gratifié le vainqueur d'Auerstaedt, d'Eckmühl et de tant d'autres batailles, sombra dans le naufrage impérial, et il n'en fut sauvé que ce que l'économe princesse avait elle-même épargné. « Je viens de vendre seize « douzaines d'assiettes d'argent à 54 francs « le marc, » écrit-elle à son mari en exil à Louviers. Et c'est ainsi que fut conservé Savigny, cette terre aimée où les enfants avaient grandi, que la mère avait embaumée des fleurs les plus odorantes, où le père avait planté de ses propres mains les tulipes et les renoncules les plus rares de Hollande, et dont il avait lui-même aligné les arbres.

Le 29 février 1816, le maréchal écrit de Louviers à sa femme : « Donne-moi des dé- « tails sur Savigny, sur ce que l'on y a fait. « Boissy a-t-il arrangé la plantation près du « moulin ? Y a-t-il planté des rosiers, des « violettes, a-t-il approprié tous les églan- « tiers du bas de la grande terrasse ? Quel « parti prends-tu sur la grande pièce de terre « vis-à-vis du salon ? La mettras-tu en pré ? « Quel beau jour, mon Aimée, que celui où « nous irons dans ce lieu et où on nous y

« laissera tranquilles! » Et le 3 mars de la même année, la maréchale écrit à son mari : « Je partage le déplaisir que tu « éprouves de ne pouvoir être à ta cam- « pagne, et je suis à coup sûr moins rési- « gnée que toi à la chétive existence que « nous menons à Louviers, sans compter « que nos intérêts souffrent on ne peut da- « vantage de notre absence et que mon « cœur souffre bien autrement. Je ne peux « penser à ma nouvelle séparation d'avec « nos filles ; l'espérance que le gouverne- « ment reviendra à des idées plus justes « sur ton compte peut seule me soutenir. « En attendant, crois, mon Louis, que je ne « négligerai aucune occasion de te prouver « les sentiments que je te porte et te con- « serverai jusqu'à mon dernier soupir. »

Le 7 mars, le maréchal écrit à sa femme : « J'ai lu, ma chère Aimée, avec bien de l'in- « térêt les détails que tu me donnes sur Sa-

« vigny. Je vois avec plaisir que Boissy a « arrangé la partie du parc près du moulin, « ce sera là une de nos promenades habi- « tuelles. » Et le même jour, la maréchale lui répond : « Encore quelques mots de « Savigny ; nous avons perdu quatre jeunes « essaims sur six. Les petites poules écos- « saises font très bien; ma mère nous en « donnera pour que nous en ayons assez « pour couver les œufs de perdrix qu'on « trouve en faisant les foins. »

Le 8 avril : « La petite plantation du « moulin est très bien soignée ; il y a beau- « coup de fleurs. J'ai recommandé de greffer « les rosiers lorsqu'il en sera temps, et de « recueillir les pleurs de la vigne.

« J'ai oublié de te dire qu'il y a un nou- « veau curé à Savigny. Il a profité de mon « petit voyage pour me présenter ses de- « voirs. Il me paraît infiniment mieux que « le dernier. Je lui ai offert de se promener

« dans le parc toutes les fois que cela pour-
« rait l'arranger ; il a accepté de fort bonne
« grâce ; il me semble qu'il doit savoir le
« piquet et cela m'est agréable. Si nous
« sommes assez heureux pour revenir bien-
« tôt à Savigny, nous reprendrons nos pe-
« tites auxquelles je ne doute pas qu'il ne
« puisse continuer l'instruction religieuse. »

Le 13 mai, le maréchal écrit à sa femme :
« Je compterai au nombre de mes beaux
« jours celui où il me sera permis de retour-
« ner dans notre Savigny et de m'y livrer
« entièrement à mon excellente Aimée et à
« mes enfants. Je ne daterai mon existence
« que de cette époque : je ne me rappellerai
« le passé que comme de beaux ou de mau-
« vais rêves. »

Telles sont les préoccupations de celui que la Pologne avait voulu avoir pour son Roi ! La gloire, l'enivrement des champs de bataille, les entrées triomphales dans les capitales de l'Europe, tout cela disparait devant la femme aimée et le coin de terre de Savigny.

Enfin, au mois de juin 1816, l'exil touche à sa fin, et le prince et la princesse d'Eckmühl reviennent ensemble dans ce Savigny tant désiré. Mais le maréchal doit y vivre interné, privé du droit d'en sortir et de se rendre à Paris. N'importe, il est à Savigny, et il y est avec sa femme et ses enfants ! Il a donc toutes les joies du cœur; il peut parcourir les belles allées de son parc et s'occuper de ses vendanges. « J'ai ren- « contré notre bon curé qui traversait le « parc, » écrit-il à la maréchale momentanément absente au mois d'octobre 1819. « Il « m'a annoncé qu'il allait peut-être avoir « une nouvelle paroissienne, qui nous fait « un si grand plaisir aux *Français*. « Mlle Mars est venue visiter cette maison « qui est à vendre sur le Mail ; le nom du

« propriétaire ne me revient pas ; c'est le « médecin, je pense, de la duchesse de Plai- « sance. Voilà, mon amie, les nouvelles de « Savigny...

« On a fait trois pièces de pressurage, « nous aurons et avons dix pièces de vin « blanc, et vingt-trois à vingt-quatre pièces « de vin rouge d'une très bonne qualité. « Les hommes ont eu toutes les peines pos- « sibles à retirer le marc de la cuve. Diffé- « rentes fois ils ont été saisis par la fermen- « tation ; ils étaient obligés, de trois se- « condes en trois sécondes, de sortir pour « prendre l'air. »

Enfin, le grand capitaine voit luire le jour de la justice, il recouvre toute sa liberté, et le roi va le recevoir aux Tuileries. Le 15 novembre, il écrit à la maréchale qui est à Paris :

« Je t'envoie, ma chère Aimée, le chariot, « ainsi que tu l'as désiré ; recommande qu'on

« le charge de bonne heure afin qu'il soit de
« retour auparavant la nuit.

« Notre petit voyage a été heureux, au
« froid près. Nous avons trouvé Savigny
« toujours beau et plus agréable que jamais, au moins à mes yeux. Il y a un nou-
« veau-né; c'est un fruit d'une des vaches
« que tu as achetées à la Saint-Martin der-
« nière; mais, malheureusement, il y a un
« être de moins; ce maudit charcutier lui
« avait ôté la vie dans la matinée. C'est un
« contre-temps que tu supporteras avec ton
« courage et ton esprit ordinaire.

« Je serai à Paris mercredi, 17, vers les
« neuf heures du matin. Recommande que
« l'on serve à déjeuner à dix heures, afin
« que je puisse aller vers les onze heures
« aux Tuileries. »

Ainsi se passa la vie de la princesse d'Eckmühl au château de Savigny, uniquement occupée de son époux, de ses enfants et des soins du ménage, recevant quelques amis et faisant la partie de piquet avec le curé de la paroisse.

Hélas ! ces jours d'un bonheur si calme ne furent pas de longue durée. Au mois de mai 1823, la santé du maréchal fut altérée. Sentant sa fin approcher, le grand capitaine se fit transporter à Paris et appela son notaire qui écrivit sous sa dictée : Je confirme « en tant que de besoin, les avantages et « donations par moi faits en faveur de ma- « dame la maréchale princesse d'Eckmühl. « Ces avantages et donations ne sont que la « réciprocité de ceux qu'elle m'a faits, j'au- « rais voulu les étendre encore, si c'eût été « possible ; dans quelles mains plus dignes « pourrais-je laisser les débris de ma for- « tune, si ce n'est dans celles d'une femme « adorée, qui, par ses soins constants, a su « les conserver, moins pour elle que pour le « bonheur de ses enfants ! Elle en fut tou-

« jours exclusivement occupée avec un dé-
« vouement qui ne peut être comparé qu'à
« celui qu'elle a toujours eu pour moi. J'en
« ai reçu constamment des preuves si ten-
« dres et si touchantes dans toutes les cir-
« constances de ma vie et particulièrement
« dans l'affreuse maladie qui menace de me
« séparer d'elle, que mon cœur, rempli
« d'une profonde reconnaissance, veut ici
« en consigner un dernier témoignage. »

Telle a été cette femme supérieure, qui sut captiver le cœur d'un héros. Née dans une de ces familles patriarcales de province, elle fut élevée par une mère chrétienne, selon les préceptes de Columelle et de Christine de Pisan. Elle put donc participer, sans en être éblouie, aux splendeurs d'un règne qui rappelait celui de Louis XIV, et les quitter sans plainte ni regret, lorsque la fortune de la France en eut assigné le terme. La princesse d'Eckmühl, qui avait fait construire à Savigny une école pour les jeunes filles et un asile pour les enfants, a pu, suivant la belle expression de sa fille, Mme la marquise de Blocqueville, *vivre dans la douce retraite de ses songes, calme, contente, donnant et recevant le bonheur.*

La princesse Emilie de Nassau et sa fille Maria Belgia.

Sept des provinces néerlandaises venaient de secouer le joug de l'Espagne et de proclamer leur indépendance en se constituant en République. Elles n'avaient alors pour se défendre contre la tyrannie qu'une poignée de braves, mais le patriotisme de ces braves était à la hauteur du danger.

A l'époque de la révolution néerlandaise, l'Espagne avait conquis le Portugal, et par lui elle tenait sous sa domination les Indes orientales, d'où les Hollandais tiraient leurs épices, source de leur fortune commerciale.

Philippe II, ne pouvant dompter ce peuple rebelle, résolut de le ruiner. Lorsqu'il fut maître de Lisbonne, il en interdit le port aux navires des marchands d'Amsterdam. En revanche, leur commerce s'étendit en Angleterre, en France, en Italie, en Russie, et à la fin du seizième siècle, trois vaisseaux furent équipés à Amsterdam, à Enkhuizen et à Middelbourg pour aller, par le Nord, à la découverte d'une route vers les Indes Orientales. Mais des montagnes de glace s'opposèrent aux entreprises de ces hommes de cœur, dont les noms n'ont pu se dérober à l'oubli. Ces obstacles ne découragèrent pas les Hollandais, et deux navires furent de nouveau expédiés par la mer Glaciale vers les climats brûlants de l'Asie. Cette dernière tentative échoua aussi, et le poète Tollens a immortalisé, dans un chant magnifique, les noms de ces hardis matelots qui se dévouèrent alors pour la liberté de leur patrie.

Quand Philippe II envahit le Portugal, Don Antoine, prieur de Crato, en occupait le trône, et en avait reçu la couronne à Santarem. Ce prince était fils du roi Don Luis, qui avait épousé, contre l'assentiment de son père, une jeune portugaise d'une rare beauté. La légitimité de sa naissance, quoique reconnue par le pape Grégoire XIII, n'en fut pas moins contestée par tous les prétendants à la couronne de Portugal, et cette contestation avait été le prétexte dont se servit Philippe pour s'emparer de ce royaume.

Don Antoine dut quitter son pays ; il chercha un refuge en France, où Catherine de Médicis lui fit excellent accueil et lui confia même une armée pour opérer contre l'Espagne qu'elle haïssait. Mais ce fut en vain. Antoine ne fut pas secondé par les Portugais, comme il l'avait espéré. Il abandonna le champ de bataille et revint à Paris, où il mourut en 1595, laissant deux fils, Emmanuel et Cristophe.

Ces deux jeunes princes se retirèrent en Hollande et arrivèrent à La Haye au printemps de 1597. Leur père, en combattant l'Espagne, avait défendu en même temps la cause de l'indépendance néerlandaise. Les États-Généraux des Provinces-Unies s'en montrèrent reconnaissants ; ils retinrent Emmanuel à leur service et lui assignèrent une pension de cent couronnes par mois. Christophe fut nommé leur résident auprès de l'empereur de Maroc (1).

En ce temps-là, Maurice de Nassau, le fils du grand Taciturne, était stadhouder de la nouvelle république et avait à La Haye une cour qui pouvait rivaliser avec les cours les plus élégantes de l'Europe. Il était à la fleur de l'âge, et ses sœurs étaient belles et recherchées par des princes de royale lignée. Louise-Julienne de Nassau

(1) *Histoire générale des provinces unies*, t. VI, in-4°, p. 339. Paris 1770.

épousa l'électeur Palatin de Saxe ; Isabelle, le duc Henri de Bouillon : Catherine-Belgique, issue du mariage de Guillaume avec Charlotte de Bourbon, sa troisième femme, devint la femme du comte de Hanau, jeune prince de Franconie qui jouissait d'une très grande fortune et avait fait ses études à Leyde ; une autre sœur du même lit, Charlotte Brabantine fut mariée en France à Claude de la Trémouille, duc de Thouars, prince de Talamond et comte de Guisnes, très riche et puissant seigneur du Poitou, dont la sœur était la mère du jeune de Condé, premier prince du sang en France (1).

Don Emmanuel de Portugal sut plaire à Emilie de Nassau, sœur germaine du stadhouder, étant née comme lui de Guillaume le Taciturne et d'Anne de Saxe. La princesse était alors âgée de vingt-huit

(1) *Nederlandsche historie door van Meteren*, in-4°, liv. XIX. p. 64.

à vingt-neuf ans. Lorqu'elle ouvrit son cœur à son frère, le chef de la famille, Maurice ne consentit pas à son mariage parce qu'Emmanuel était pauvre, qu'il était catholique et que la légitimité de sa naissance était douteuse suivant le droit régalien (1).

Ce refus ne rebuta pas la princesse. Les deux jeunes gens ne s'en aimèrent que davantage. Un prêtre catholique leur donna la bénédiction nuptiale le 7 novembre 1597, dans une chapelle de La Haye, et les deux époux notifièrent leur union aux États-Généraux. « Mais ceux-ci, dit le professeur Chavannes, bien loin de donner leur approbation à ce mariage, ordonnèrent à Emmanuel de sortir sur le champ de La Haye et le reléguèrent à Schiedam, Maurice de son côté défendit à sa sœur de paraître à la Cour (1). »

---

(1) *Histoire générale des provinces-unies* in-4°, t. XI, p. 339.

(1) *Journal de la Société Vaudoise*, t. VI, in-8°, 1838, p. 345. *Hist. générale des provinces-unies*, in-4°, t. VI, p. 339.

Le peuple néerlandais s'était soulevé, au XVIe siècle, pour proclamer la liberté religieuse et la liberté civile, et ni l'une ni l'autre n'étaient comprises par les chefs du pouvoir. L'arbitraire présidait encore à leurs décisions. La sœur du stadhouder en fit la triste expérience.

« La malheureuse princesse fut cacher sa douleur à Delft, » continue Chavannes. « Là, elle tomba dans un tel désespoir que sa raison en fut altérée ; elle refusa, pendant plusieurs jours, toute nourriture. Heurnius, professeur de médecine à Leyde, parvint à guérir le cœur. Les États, croyant remédier au mal en faisant disparaître la cause, envoyèrent secrètement le jeune prince dans la forteresse de Wesel. Mais ce retour de la santé avait rendu à Emilie toute l'intensité de sa passion ; elle redemanda hautement son mari, réclama pour lui les droits appartenant aux citoyens d'un pays libre et ceux que lui donnait sa majorité. Maurice la menaça d'une entière disgrâce, mais rien ne put arrêter l'ardeur qu'elle mit dans ses perquisitions. Ayant enfin découvert la retraite du prince, elle y vola et le ramena publiquement en Hollande (1). »

Pendant douze ans, l'existence d'Emilie de Nassau et de son époux Don Emmanuel reste inconnue. Mais en 1609, Wagenaar nous apprend qu'au mois de juillet de cette année, les trois fils du Taciturne eurent, par l'entremise de l'ambassadeur de France, une conférence dans laquelle ils réglèrent les affaires de la succession paternelle. Philippe-Guillaume s'était déjà rendu dans cette intention à La Haye, au mois de novembre précédent, et avait profité de son séjour dans cette ville pour réconcilier son beau-frère, Don Emmanuel, avec le chef de la

(1) *Journal de la société Vaudoise.* 1838, p. 345. — *Hist. générale des provinces-unies* t. VI, p. 339 et 340.

maison de Nassau. Ses démarches furent couronnées de succès ; la réconciliation eut lieu entre le frère et la sœur.

Le prince royal de Portugal entra dans l'armée des Provinces-Unies, et il était au service de la Néerlande lorsque sa femme, ne pouvant vivre dans sa patrie avec autant d'éclat que ses sœurs, toutes mariées d'une manière brillante et richement dotées par les États-Généraux, se retira avec ses huit enfants à Genève. Elle y arriva au printemps de 1625 (1), et s'établit dans la maison qu'avait occupée Agrippa d'Aubigné, appelée depuis *le Chateau Royal.*

Genève était alors l'asile où s'étaient réfugiés tous ceux qui, dans leur pays, avaient eu à souffrir de l'intolérance religieuse.

Les membres du Conseil supérieur de la ville témoignèrent à la princesse toute leur

(1) WAGENAAR. *Vaderlandsche historie.* T. IX, p. 450.

satisfaction de la voir fixer sa résidence en Suisse. Peu de temps après, Emilie de Nassau fit l'acquisition du château de Prangins, non loin de Nyon, dans le pays de Vaud. Elle s'y installa avec sa famille et une suite assez nombreuse qu'elle fut obligée de restreindre plus tard, parce que sa fortune était singulièrement diminuée, au dire de l'italien Gregorio Leti (1).

Dans l'année qui suivit son installation à Prangins, la noble épouse de don Emmanuel de Portugal tomba gravement malade : elle se fit transporter à Genève, et sentant sa fin approcher elle rédigea ses dispositions testamentaires avec la résignation d'une chrétienne :

« Au nom de la saincte et inséparable Trinité, amen. Nous Emilia de Nassau, princesse de Portugal, née princesse d'Orange,

(1) *Historia genevrina*, parti quarta, p. 87.

sachant la fragilité de notre pauvre nature humaine, et estant encores, grâce à Dieu, entièrement en mon sens et entendement, avons voulu faire ceste mien testament et dernière disposition de mes biens et héritages. Premièrement, nous recommandons nous, avecq corps et âme, en la miséricorde de Dieu pour l'amour de Jésus-Christ, nostre sauveur et rédempteur, priant Dieu le père qui m'a créée, Dieu le fils qui m'a sauvée, et Dieu le Saint-Esprit qui m'a sanctifiée et qui m'a donné la salutayre foy et toutes chrestiennes vertus, qu'il luy plaise de me fortifier pour ainsy, Saincte Trinité, en ceste vie icy avecq les chrestiennes assemblées, et puis après en la vie éternelle avecq les saincts bien heureux anges à te louer et magnifier éternellement, amen.

« Nous demandons ung honorable enterment. Nous instituons et faisons héritiers de tous nos biens et héritages, tels que pourront estre, terres, maisons, champs, rentes, meubles, or, argent, et, tout ce qui pourroit nous appartenir ou prétendre, à mes six filles. Elles partageront également, amiablement ensemble, les bagues, joyaux, qui pourraient estre trouvez à mon trépas, avec les vaisselles d'or ou d'argent. Et des meubles seront vendus et les deniers qui en viendront seront aussi partagez égallement parmy eux. Je laisse à mon fils don Guillaume quatre mille francs une fois. Don Emmanuel, mon autre fils s'étant retiré du monde en religieux, n'a rien plus affaire. (Plusieurs dispositions en faveur des domestiques, serviteurs et servantes et des pauvres).

« Je recommande mes six filles en la bonne grâce de monseigneur le prince d'Orange, mon frère, le suppliant et espérant qu'il aura soing d'eux et leur sera équitable pour pouvoir avoir ce qui de droict leur peult appartenir de ma part et de mes prétentions. Je les recommande aussi très instamment à messieurs les États de les vouloir assister en leur bon droict et avoir soing pour eux, et cela en considération des services que feu mon père a faict en leur estat, ce que je leur prie de tout mon cœur. Je prie aussi messieurs de Berne de les vouloir prendre en leur protection avec leurs biens à ceste fin que nul tort ny violence leur soient faict. La même supplication, je fais aussi à messieurs de Genève.

Codicille. « Je laisse à mon cher mary « pour une souvenance la bague avec ses « deux diamants (1). »

Emilie de Nassau mourut à l'âge de soixante ans, le 16 mars 1629; le lendemain, le conseil de Genève notifia ce décès au prince de Nassau et aux États-Généraux de Hollande. Voici sa lettre au prince :

---

(1) *Archives de la République de Genève.*

« Genève, 17 mars 1629.

« Très haut et sérénissime prince. Comme nous avons receu un singulier contentement pendant le séjour que madame la princesse de Portugal, sœur de Votre Altesse, a fait dans nostre ville, aussi avons esté touchés d'un indiscible regret lorsqu'il a pleu à Dieu nous en priver, l'ayant retirée et appelée à soy le 16 de ce mois, après avoir démonstré jusques au dernier soupir des marques et signes de vraye piété et de toutes vertus chrestiennes. Nostre desplaisir a esté d'autant plus grand, que nous ne luy avons peu rendre les devoirs auxquels nous luy estions obligé, tant à cause de sa personne que pour la considération des bienfaits que nous avons receus de V. A. Nous avons veu par l'ouverture de son testament, qui était clos et secret, le désir qu'elle a d'estre ensevelie avec honneurs. Nous luy en rendrons selon nostre portée les plus grands qu'il nous sera possible, non pas à l'égal de nostre affection et bonne volonté. Nous attendrons l'ordre qu'il plaira à V. A. de donner au regard de mesdemoiselles les princesses ses filles, pendant qu'elles demeureront icy; nous leur départirons toutes sortes de faveurs et les assisterons de conseils et advis en tout ce qu'elles auront de besoin, priant Dieu qu'il les consolle en leurs afflictions et qu'il maintienne V. A. en sa sainte garde, comme ceux qui n'ont d'autre dessein que d'être réputés, très haut et sérénissime, vos très-humbles serviteurs (1). »

A cette lettre, le prince d'Orange répondit :

» Messieurs, dans le regret que m'a donné la soudaine nouvelle du trépas de feu madame la princesse de Portugal, ma sœur, dont je viens d'estre adverti par vos lettres

(1) *Mémoires et documents publiés par la Société d'histoire et d'archéologie de Genève* T. XV, p. 169.

du 17 de mars, ce m'a esté un contentement singulier d'entendre et l'heureuse issue que Dieu luy a donné de cette vie et le favorable accueil qu'il vous a pleu luy continuer dans vostre ville jusqu'à l'heure de sa mort, et vous recognoy-je une obligation si particulière de ces faveurs, que je tascheray de m'en revencher à toujours aux occasions du bien de vostre service. Comme d'ailleurs je vous prieray de persévérer en cette bienveillance qu'avez voulu tesmoigner à la mère défuncte à l'endroict de mesdemoiselles ses filles mes niepces, pour autant qu'elles pourront encor avoir à séjourner en voz quartiers, vous asseurant que cela mesme sera capable de me faire désirer le bien de vous pouvoir faire paroistre que je suis, Messieurs, vostre bien humble à vous faire service.

» Fr. HENRY.

» A La Haye, ce 20e d'Apvril 1629. »

La semaine suivante, les États-Généraux répondirent de leur côté :

« Messieurs. Nous avons entendu avec indicible regret le déceds de madame la princesse de Portugal, mais en ceste affliction, il nous sert de consolation qu'elle est décédée en bon chrétien et en votre ville, y ayant esté assistée en sa maladie soigneusement, et par là eue l'assurance de l'accomplissement de ce qu'elle a disposé de ses affaires particulières, lesquelles vos seigneuries ayant prinses à ceur, nous y ont grandement obligé, dont vous remercions affectueusement et prions aussi d'y vouloir continuer jusques à ce que les princesses ses filles seront remises soubs nostre protection... (1). »

La ville de Genève fit à la princesse Émilie de royales funérailles, mais le prince

(1) *Mémoires et documents*. Ibid.

de Nassau, son frère, n'y assista pas. Il s'est contenté, ainsi que nous l'avons vu par sa lettre, de remercier les seigneurs du conseil de Genève de l'accueil bienveillant qu'ils avaient fait à sa sœur et de l'intérêt qu'ils lui avaient porté jusqu'à l'heure de sa mort.

Déférant aux vœux de l'auguste défunte, du prince son frère et des États-Généraux de Hollande, le conseil de Genève reporta toute sa bienveillance sur les six jeunes filles délaissées par la princesse de Portugal.

L'aînée de ses enfants s'appelait Maria-Belgia.

Lorsque leur mère vivait encore, plusieurs réfugiés de distinction lui avaient été présentés au château de Prangins. Parmi ces personnages, se trouvaient le marquis de Baden-Durlach, que l'empereur Frédéric II avait dépouillé de ses états, et un gentilhomme de sa suite, le baron Jean-Dietrich de Groll, de Heidelberg, quartier-maître général des armées du duc de Parme.

Cet officier supérieur parvint à inspirer une vive passion à la jeune princesse Maria-Belgia ; il l'épousa au mois de juin 1629, malgré l'opposition des magistrats de Berne.

Cette opposition d'ailleurs n'a pas été de longue durée. Le baron de Groll fut reconnu comme seigneur de Prangins et obtint le droit de bourgeoisie de Berne ; puis, messieurs du Conseil de cette ville firent peindre, en témoignage de réconciliation et d'amitié, l'ours de leur blason sur la porte du vieux château de Prangins.

La veuve d'Emmanuel de Portugal avait laissé une succession obérée. De là des difficultés et des querelles entre les sœurs, ses héritières. Un quartier mestre, au service du prince d'Orange, nommé de la Primaye, soutenait les intérêts des princesses cadettes contre leur aînée, Maria-Belgia. Celle-ci s'en plaignit à un homme de bien et de science, l'illustre et vénérable Jean Deodati, le traducteur de la Bible. Elle lui fit connaître ses récriminations par une lettre énergique, que M. Eugène de Budé a publiée dans la *Gazette de Lausanne* :

« Prangins, le 30 juillet 1630.

« Monsieur, j'ay veu par la lestre qu'il vous a pleu prandre la peine d'écrire à monsieur mon tres cher mary, vostre bonne affection envers nous, de quoy je vous remercie de tout mon cœur et ne désire rien tant que de me la conserver. Au surplus, je suis grandement estonnée et scandalisée de voir, par la lestre que ce coquin de la Primaye écrit, des termes qu'il use de moy. Je crois peut-estre que ce vilain à ceste heure qu'il se voit couvert de velours et de panne, a oublié comme il est entré à notre service, babille comme un moulin à vent, et que toute la piaffe qu'il faist vient du nostre, et a par sa vilaine avarice mis feu madame ma bonne mère, d'heureuse mémoire, souvent en paine, comme je crains qu'il fera aussi à mes povres sœurs, sy il les tient encores longtamps sous son pouvoir, car ce luy est tout un, quant il peut tirer quelque chose à luy, soit à tors, soit à droict, tout luy est bon. Quand à ce que cest esprit brouillon vous mande, qu'il vaudrait mieux accorder avecques mes sœurs que les irriter, Dieu sait que je n'ay jamais cherché et cherche encore que leurs amitiés, mais en telle façon que je ne veus pas faire tort à moy et aux miens, et que je veus préserver ce que Dieu m'a donné par raison et justice.

« Cest esprit malin vous mande aussy que je tire tout à moy. S'il ne m'eust pas faict ce vilain traict d'angager les biens de l'hoirie, et le mien propre, et qu'il eust conseillé à mes sœurs de ne faire pas si grave défiance et faire comme nous faisons, eux et moy eussions eu plus de profit, car tout ce que nous avons icy, c'est le couvert du reste. On tient bon conte et nous avons despandu du nostre en blé seulement plus de 200 tallers, car nous n'avons pas trouvé un grain de blé, car ils ont fait couper et bastre le blé sur le champ pour mener à Genève et faire du pain. Du vin, nous en avons trouvé. Mais, Dieu mercy, nous rendrons bon conte de cela et ne désirons rien faire en cacheste, car nous voulons faire le tout en gens de bien.

« Que ce menteur et ceux qui l'avisent de ces mensonges aprennent comme ils doivent parler, et ce qu'ils doivent dire et s'informer premièrement s'ils disent la vérité ou point. Quand à nostre résolution et le conseil de nos amis, Monsieur mon cher mary vous le mande. Seulement, je vous dis encores en passant et vous supplie de vouloir tant prandre de paine que demander à cest imposteur de la Prime qu'il aprenne en quels termes il doit parler de moy et panser à luy. Car, je lui jure le Dieu vivant, qu'il s'en repentira, et il vera que j'ay encores le moyen, avecques l'aide et l'assistance de mon bon Dieu, de lui faire resantir ses méchancetés. Je vous supplie, monsieur, de me pardonner que je vous importune de tout cecy. Mais mon juste resantiment me le fait faire quand je vois qu'un faquin, un homme de rien comme ce triste de la Primaye se veut mesler de nos affaires pour desrober ce qu'il peut.

Au reste, je ne peux que vous dire que j'ay entendu, à mon grand regret, par un chevalier de Malte, quy est passé par icy que mon seigneur et père serait mort fort subitement, et l'a luy-mesme veu mort. Le bruit en était bien desjà et l'avais oui dire par un courier quy vient de l'armée du Roy, quy apportait quelques lettres à Monsieur mon mary, mais je ne le pouvais bonnement croire.

« Voilà, mon bon père, comme le monde va, et voilà le chemin qu'il nous faut tous passer, grands et petits, tost ou tard; pour cela nous devrions tous bien panser à vivre comme nous voulons mourir, car c'est bientost fait de ceste vie, et après, nous aurons notre récompense selon que nous aurons desservy.

« Et après vous avoir encores prié de la continuation de vostre bienveillance, je ne vous importuneray pas davantage; mais je me dirai à jamais, Monsieur, Vostre bien humble servante,

« Marie-Belgia de Groll,
« née princesse de Portugal. »

Cette princesse eut du baron de Groll un fils et quatre filles, savoir :

1° *Berne de Groll,* dont la ville de Berne

a voulu être marraine, (il n'a pas laissé de postérité) ;

2° *Catherine-Emilie,* qui se maria à un gentilhomme banneret de Nyon, nommé Claude Damond ;

3° *Anne-Rosine,* mariée à un gentilhomme du nom de des Vignes, chef de justice de Genollier. D'après un manuscrit, conservé aux archives de la ville de Vevey, en Suisse, elle y est née le 7 septembre 1633 ;

4° *Maurice Sabine,* épouse de Maurice Benedict Deschamps, seigneur de Saint-Georges;

5° *Suzanne-Sidonie,* qui épousa en première noces François Badel, seigneur de Martherai, et en secondes noces Vincent-Ardin de la Clavellière.

Nous apprenons encore par le même document de Vevey que le Conseil de la ville envoyait à Prangins complimenter la princesse Maria-Belgia, à la naissance de chacun de ses enfants, et lui faisait des présents. En reconnaissance de ces témoignages de bonne amitié, les hôtes de Prangins offrirent à la ville de Vevey, par l'entremise du conseiller de Vuillens, le portrait du roi de Suède, que le magistrat fit placer dans la chambre du Conseil.

Cependant ce mariage d'amour de Maria Belgia avec le baron de Groll ne fut pas heureux. Les archives de la ville de Berne conservent des traces de leurs querelles, de leurs reproches réciproques, de leurs tentatives de séparation. Le baron partit pour l'Italie; un coup de poignard y termina ses jours.

La fille d'Emmanuel de Portugal et d'Emilie de Nassau mourut à Genève le 29 juillet 1647 et y fut ensevelie.

La seconde fille de la princesse Maria-Belgia, Anne-Rosine, devenue la femme du gentilhomme des Vignes, eut de lui un fils,

Jacques-Daniel des Vignes (1), qui fit souche, et dont la postérité s'est étendue en France. Une de ses descendantes, mademoiselle Charlotte-Suzanne des Vignes de Givrins a épousé en 1830, à Genève, le célèbre compositeur français Niedermeyer, l'auteur de *Stradella*, de *Marie-Stuart*, du *Lac* et d'autres œuvres ravissantes qui ont charmé les générations de la première moitié du dix-neuvième siècle. Ainsi revit dans une nouvelle patrie et brille d'une nouvelle auréole la mémoire de l'arrière petite fille des rois de Portugal et du grand Taciturne de Hollande!

(1) Marié en 1674 à sa cousine Jehanne des Vignes.

LA REINE

ELISABETH D'ANGLETERRE

ET LE

DUC D'ALENÇON

Négociations matrimoniales

I

Catherine de Médicis, dont la destinée était associée à celle des Valois, rêvait la domination de l'Europe, non pas pour porter elle-même le sceptre d'une monarchie universelle, mais pour donner des trônes à ses enfants. Déjà, un de ses fils était roi de France; un autre, roi de Pologne, et sa fille était reine de Navarre. Il lui restait un troisième fils, le duc d'Alençon.

Le jeune prince venait d'atteindre sa dix-huitième année; sa mère songea à lui donner dans le monde une situation digne de la France.

La reine d'Angleterre était encore à marier et sept provinces des Pays-Bas venaient de s'affranchir du joug espagnol. Catherine de Médicis pensa que son fils pouvait prétendre à la main d'Élisabeth, quoique la reine fût âgée de trente-neuf ans, et devenir le chef de la nouvelle république néerlandaise. C'est ce que Sully nous apprend dans ses *Mémoires :* « La royne-mère, dit-il, ayant prins opinion que son fils d'Alençon, devenu duc d'Anjou, ne l'aymait pas beaucoup, à cause qu'elle avait toujours plus tesmoigné d'amitié à son fils d'Anjou, devenu roy de Pologne, et pour lors roi de France, que non pas à luy, et qu'à cette occasion il traverseroit incessamment ses desseins et envieroit son authorité, elle avoit recherché les moyens, sous couleur de procurer son agrandissement, de luy faire espouser la reine d'Angleterre, et le faire eslire chef des armes, des desseins et des peuples des Pays-Bas, lesquels, en ces dernières années, s'estoient quasi tous, grands et petits, huguenots et catholiques, révoltez de l'obéissance et sujétion du roy d'Espagne (1). »

C'est au triomphe de cette politique que tendirent toutes les négociations dont nous essayons d'écrire l'histoire.

Dès 1571, le roi de France chargea le cardinal de Chatillon d'aller en Angleterre demander la main de la reine Élisabeth pour le duc d'Alençon, « le tout pour monstrer, » dit d'Aubigné, « qu'on désirait l'amitié des « Refformez comme leur alliance (2). »

Il dut paraître étrange qu'un haut dignitaire de l'Eglise romaine fût chargé de rechercher une alliance avec les protestants. Aussi la proposition du cardinal fut-elle froidement accueillie à la cour d'Angleterre.

Le comte de Lincoln reçut, le 25 mai 1572, la mission de porter à Charles IX la réponse d'Elisabeth. Il devait dire au roi que sa sou-

---

(1) *Mémoires de Sully*, ch. XIV.
(2) *Les histoires*, liv. 1er in-f° 1610.

veraine ne se marierait avec aucun prince qui ne fût de sa religion, ou du moins qui ne professât une croyance en harmonie avec la doctrine de l'église de Dieu. L'ambassadeur devait rappeler en outre que, lorsqu'il s'est agi du duc d'Anjou, on avait traité cette première affaire d'une façon peu correcte ; mais il était recommandé en même temps à Lincoln de ménager ses expressions et de peser ses paroles, de manière à laisser croire au roi et à la reine-mère que si Elisabeth a des motifs de mécontentement, elle est toute disposée à l'oubli et n'a conservé aucun ressentiment. Enfin, un autre obstacle à cette union était l'inégalité d'âge (1).

Ces raisons eurent peu d'influence sur l'esprit tenace de Catherine de Médicis, et le roi, son fils, qui n'agissait que par ses conseils, fit partir pour Londres une nouvelle

(1) *Mémoires de Walsingham.*

ambassade, chargée d'insister auprès de la reine et de l'inviter à changer de résolution. Cette ambassade fut confiée à MM. de Montmorency et de Foix. « Nous témoignâmes quelque surprise, écrivit la reine à Walsingham, son ambassadeur ordinaire à la cour de France. M. de Montmorency et son collègue firent de grands efforts pour nous persuader, et surtout pour lever les difficultés qui naissent de la disproportion d'âge entre nous et le duc d'Alençon. La réponse que nous leur donnâmes ne pouvait leur laisser aucune espérance. Cependant ils ne se tinrent pas pour battus et persistèrent à nous supplier de ne pas rejeter leur proposition, afin de resserrer davantage les liens de l'amitié entre les deux couronnes. Ils firent encore valoir l'illustration du prince, sa naissance, ses belles qualités, sans compter plusieurs autres raisons qui tendaient à nous inspirer confiance et de l'estime pour le duc d'Alençon. Enfin, après plusieurs conférences qu'ils eurent avec nous et avec les membres de notre conseil, les voyant dans une extrême perplexité à cause de la froideur que nous leur montrions, et jugeant qu'un refus pur et simple serait pour eux un chagrin sensible, nous fûmes d'avis de ne pas donner une réponse définitive, et d'attendre le retour du lord amiral, comte de Lincoln, qui nous donnera des renseignements détaillés sur le prince et son mérite. Nous répondîmes donc que, sollicitée par nos sujets de nous marier, nous ne voulions rien faire qui pût les mécontenter, et que dans un mois le roi de France connaîtrait notre décision. »

Les ducs de Montmorency et de Foix partirent avec cette réponse de la reine d'Angleterre.

Lorsque Lincoln fut de retour à Londres, Elisabeth s'empressa de l'interroger. La femme n'avait pas disparu sous le manteau royal. Elle apprit de son ambassadeur que les qualités morales du duc d'Alençon n'étaient pas inférieures à celles du duc d'Anjou, que bien au contraire, elles les surpassaient. Quant au physique, la figure du prince était altérée par la petite vérole et elle manquait de distinction.

Un roi de France a dit : « souvent femme varie, » et Lincoln, dans la crainte de voir un jour sa souveraine changer de résolution, lui a peut-être caché une partie de ce qu'il savait sur le compte du duc d'Alençon. Nous croyons donc devoir compléter le portrait qu'en a tracé le ministre anglais, avec celui qu'en ont fait le duc de Bouillon, ami du prince, et le roi de Navarre, son frère. « Monsieur, dit le premier, eut la petite vérole « en telle malignité qu'elle le changea du « tout, l'ayant rendu méconnaissable, le « visage lui étant demeuré tout creusé, le « nez grossi avec difformité, les yeux appe-

« tissés et rouges, de sorte qu'il devint un « des plus laids hommes qu'on voyait, et son « esprit n'estoit plus si relevé qu'il estoit « auparavant. » Et le roi de Navarre ajoute : « Ce prince me trompera bien, s'il ne trompe « tous ceux qui se fieront à luy, et surtout « s'il aime jamais ceux de la religion ny leur « fait aucuns avantages, car je scay pour luy « avoir ouy dire plusieurs fois qu'il les hayt « comme le diable dans son cœur, et puis « a le cœur si double et si malin, a le cou- « rage si lasche, le corps si mal basty, et est « tant inabile à toutes sortes de vertueux « exercices, que je ne saurais persuader « qu'il fasse rien de généreux, ny qu'il pos- « sède heureusement les honneurs, gran- « deurs et bonnes fortunes qui semblent « maintenant luy estre préparées (1). »

Aussi, le 23 juillet 1572, Elisabeth écrivit-

(1) *Mémoires de Sully.*

elle à Walsingham : « Nous ne pouvons nous résoudre à accepter l'offre, parce qu'elle n'est pas accompagnée de grands avantages qui puissent balancer le ridicule qu'on déverserait sur ce mariage, ou dédommager en quelque sorte des demandes que nous avons reçues de personnages illustres. Vous direz donc au roi et à la reine-mère, que nous les remercions de tout notre cœur de nous avoir proposé M. le duc d'Alençon pour époux, persuadée que nous sommes de l'amitié qu'ils ont pour nous. Et comme nous souhaitons aussi avec passion que cette amitié continue et augmente, nous sommes très fâchée de trouver dans une affaire qui en serait le principal lien, des difficultés d'une telle nature qu'il ne nous est pas possible de les surmonter à cause de la grande disproportion d'âge. Nous supplions d'ailleurs le roi et la reine-mère d'informer M. le duc de l'opinion que nous avons de son mérite, et que nous lui gardons autant d'estime que pour aucun prince de son rang, sauf l'amour qui doit accompagner le mariage. »

On ne se découragea pas en France, et le roi, la reine-mère et le duc d'Alençon écrivirent de nouvelles lettres, plus pressantes les unes que les autres.

Le duc proposait de se rendre en personne en Angleterre. Cette offre fit une vive impression sur l'esprit d'Elisabeth ; « nous ne « pouvons que faire beaucoup de cas de l'a-« mour et de l'affection qu'il nous porte, » écrivit-elle, le 25 juillet, à son ministre à Paris.

Et comme elle craignait que l'étiquette de la cour de France ne s'opposât à cette entrevue, elle ajouta : « vous pouvez dire, « comme de vous-même, que dans le cas de « rupture de sa part ou de la nôtre, on pourra « l'imputer dans le monde à la différence de « religion ; que d'ailleurs, son voyage peut

« se faire sans pompe ni éclat, et rester se-
« cret ; ce que nous laissons à la prudence
« du roi et de la reine sa mère. »

Burleigh, un des confidents d'Elisabeth, écrivit aussi à Walsingham : « Il est certain « que S. M. trouve qu'il est nécessaire de se « marier, et les difficultés qu'elle soulève « proviennent moins d'elle, que de la crainte « qu'elle a de ne pas voir le monde approu- « ver une union avec le duc d'Alençon. »

Cependant, Catherine de Médicis fit entendre qu'elle ne s'opposerait pas à une entrevue entre les deux intéressés, si elle pouvait espérer le succès, car elle voulait, disait-elle, éviter toute cause de refroidissement entre les deux couronnes. Elle ne cacha pas au ministre d'Angleterre, et l'amour extrême que son fils avait pour la reine sa souveraine, et le grand désir qu'elle-même avait de voir la conclusion de ce mariage.

De son côté, Elisabeth éprouvait moins

d'éloignement pour le prince français et commençait déjà à prêter une oreille plus favorable à tout ce que l'on disait de lui. Le 22 août, son secrétaire intime écrivit même à Walsingham : « Monsieur, je suis fâché « qu'un point si chatouilleux retarde une si « bonne affaire. Nous pouvons dire que l'a- « mant fera bien peu, s'il ne se donne pas « la peine de voir une fois ses amours ; mais « il faut qu'il dise *oui* avant de les voir. Il y a « vingt moyens pour venir ici et y être bien « venu, et pour faire peut-être plus en une « heure qu'il ne saurait faire en deux ans. « Si de notre côté, nous sommes froids, c'est « notre jeu ; outre la personne, le sexe le « requiert. D'où vient-il que vous êtes froids « de votre côté ? N'est-ce pas à un jeune « homme à être hardi, courageux et entre- « prenant ? »

Le même jour, Burleigh adressa aussi à Walsingham une lettre dans laquelle il faisait entendre que la reine était plus disposée à écouter les propositions de la France, si l'on pouvait se voir et s'expliquer sur quelques points de religion.

Deux jours après, tout fut suspendu. La Saint-Barthélemy avait éclaté.

Elisabeth fut toute troublée au récit de cet épouvantable carnage. Pour la calmer, Walsingham lui fit savoir que le roi et la reine-mère avaient ordonné que les Anglais fussent épargnés. Catherine de Médicis qualifia *d'accident* la fatale journée du 24 août, et le roi s'en expliqua avec l'ambassadeur d'Angleterre : « Il a dû faire arrêter Coligny « et ses complices pour se mettre en sûreté, « luy et toute la maison royale, même le « roi de Navarre et le prince de Condé. »

Le 14 septembre, Walsingham rendit compte à Smith de l'entretien qu'il avait eu avec la mère du roi. « La reine mère me pria de lui faire connaître les raisons que j'avais de douter de ses intentions relativement au mariage. Je lui dis que l'*accident* qui venait d'arriver donnait lieu à de dangereux discours et causait de terribles défiances, dont j'avouais que je n'étais pas exempt. Que pour les soupçons que j'avais que le Roi et elle n'allaient pas droit au sujet du mariage, ils étaient fondés sur trois raisons:

« La première, la violation de l'édit et la sévérité avec laquelle on venait de traiter les gens de la religion ;

« La seconde, l'étrange manège qui s'était fait dans la négociation du premier mariage proposé ;

« La troisième, certains bruits qui couraient de la conquête de l'Angleterre et de l'Irlande.

« Pour la première, dit-elle, si la religion fait tout l'obstacle, je ne doute pas qu'on ne franchisse cette difficulté à la satisfaction de votre maîtresse.

« A l'égard de la seconde, l'intention du roi est que les huguenots jouissent de la liberté de conscience » — Et qu'ils aient aussi, madame, lui dis-je, l'exercice de leur religion. — « Non pas cela, » dit-elle, le roi ne « veut dans son royaume que l'exercice « d'une religion. » — Comment cela peut-il s'accorder, répondis-je, avec le commandement que vous me faites de protester de votre part à la reine, ma maîtresse, que l'édit demeurera dans sa première force ? Elle répondit qu'on avait tout de nouveau découvert certaines choses qui rendaient nécessaire l'abolition de l'exercice de la religion protestante. — Quoi, madame, lui dis-je, voulez-vous que les protestants soient sans exercice de religion ? — « Ils auront ici, » répartit-elle, la même liberté que votre maîtresse donne aux catholiques en Angleterre. » — Ma maîtresse, répliquai-je, ne leur a jamais rien promis par édit. Si elle l'avait fait,

elle ne manquerait pas de leur tenir parole.
— « Elle dit là-dessus que la reine, ma mai-
« tresse, devait gouverner chez elle et le roi chez lui. » — Je répliquai que je n'avais pas fait ces questions par un simple motif de curiosité, mais pour pouvoir rendre compte à la reine, ma maîtresse, de ce qui s'était passé, persuadé qu'elle souhaitait que tout se passât d'une manière qui leur fît honneur....

.... « Quoique en dernier lieu j'aie été maltraité par la populace, cependant je reçois de LL. MM. plus de faveur qu'auparavant et j'ai promis d'en informer Sa Majesté.

« Paris, 14 septembre 1572.

« Fr. WALSINGHAM. »

Après avoir eu connaissance de cette conversation où régnait un ton d'aigreur, Elisabeth songea à rappeler son ambassadeur, à armer les côtes d'Angleterre et à mettre la flotte royale en mer.

Catherine de Médicis fit alors proposer à la reine de se rendre avec le duc d'Alençon à Boulogne ou à Calais, afin de mieux se connaître et établir une amitié plus étroite entre les deux couronnes.

Elisabeth qui se trouvait à Reading et toujours irritée, lui fait répondre que l'assassinat de Coligny et celui des huguenots ont tellement changé les dispositions de son esprit, qu'elle ne comprend plus cette insistance à vouloir le mariage et l'offre d'une entrevue en pleine mer. Elle se borna donc à déclarer qu'elle observera fidèlement les traités avec la France. Toutefois elle désire savoir quelle est la destination de la formidable flotte qui mouille entre la Rochelle et Bordeaux, sous les ordres de Strossi.

Charles IX essaya de tranquilliser Elisabeth, en l'assurant qu'il tenait comme elle à la continuation de l'amitié entre les deux couronnes, et qu'il venait de détacher de la flotte de Strossi deux mille hommes, uniquement pour garnir les frontières de Picardie et les protéger contre les armées espagnoles qui sont aux Pays-Bas.

On croyait donc à Londres que la France nourrissait des projets d'invasion,et l'on voulait rompre avec elle, d'autant plus qu'Elisabeth venait d'être atteinte de la petite vérole (octobre 1572) et remarquait moins d'empressement depuis qu'on eût appris que le prince d'Orange avait quitté la Néerlande.

D'un autre côté, on parlait d'inonder les environs de Calais, et il circulait des bruits de conspiration. On disait que la liberté allait être confisquée en France, et l'Espagne avait accueilli la nouvelle du massacre de la Saint-Barthélemy avec des démonstrations de la plus vive allégresse. Philippe II en manifesta sa reconnaissance en offrant la main de sa fille au duc d'Alençon.

Cependant, la naissance d'une princesse

dans la maison royale de France paraît à Catherine de Médicis être une occasion favorable, pour reprendre les négociations avec la reine d'Angleterre. Charles IX la prie de tenir l'enfant sur les fonts baptismaux, et Elisabeth répond en lui faisant adresser les reproches les plus durs : « On « n'a jamais vu parmi les chrétiens un prince « assister en personne à l'exécution d'un de « ses sujets et d'un de ses plus vieux sol- « dats ; Dieu ne permettra pas qu'un prince « d'un tel caractère domine longtemps. » Voilà ce qu'écrivait Leicester à Walsingham et il ajoutait : « Quant à sa bonne intention « pour notre maîtresse et pour son royaume, « lorsqu'il fera paraître de la bonne foi pour « ses propres sujets, nous pourrons nous « flatter qu'il aura de l'amitié pour ses voi- « sins. »

Enfin, après bien des pourparlers, Elisabeth la protestante accepta d'être la marraine de la fille de celui qui avait ordonné le massacre de la Saint-Barthélemy. Mais elle évita de répondre aux questions relatives au mariage. Un nouvel incident parut d'ailleurs mettre un nouvel obstacle à la reprise des négociations. La direction du siège de La Rochelle, qui était le refuge du protestantisme en France, fut confiée au duc d'Alençon.

Catherine de Médicis, craignant sans doute qu'une telle conduite pourrait être mal interprêtée en Angleterre, chercha à s'en expliquer avec l'ambassadeur anglais à Paris. Elle le fit appeler sous un prétexte futile et lui dit qu'un jeune prince, qui a du courage et qui désire servir son souverain, ne pouvait, sans déshonneur, demeurer dans l'inaction. Cette raison paraît être la vraie ; la conviction religieuse n'agitait guère l'âme des Valois.

Au mois de mars 1573, Charles IX renouvelle sa proposition de mariage et le duc d'Alençon expédie, de La Rochelle à Londres, Châteauneuf avec des lettres pour la reine d'Angleterre. Que contenaient ces lettres? On dit qu'elles parlaient d'amour, et que le cœur de la reine en fut touché, car Burleigh écrivit, le 30, à Walsingham qu'elle ne peut se résoudre à prendre un époux à moins qu'elle ne l'ait vu et qu'il ne renonce à professer ostensiblement une religion défendue par les lois du royaume. Burleigh termina ainsi sa lettre : « Quant à la religion de ce « prince, il me semble que, s'il est agréé, il « ne voudra pas perdre une reine et un « royaume pour un calice consacré par un « prêtre. Sa religion d'ailleurs ne me paraît « pas si enracinée qu'on ne puisse là-dessus « lui faire entendre raison. »

On proposa donc une entrevue à Greenwich ou dans tout autre endroit près de Londres.

Catherine de Médicis croyant qu'on cédait et qu'elle était victorieuse devint plus exigeante ; elle fit répondre que l'entrevue ne pouvait avoir lieu qu'autant qu'on donnât au préalable un consentement positif au mariage, et que pour ce qui était de la religion, son fils n'en changerait jamais.

Walsingham, désespérant de voir aboutir cette affaire d'une manière honorable, et voyant toutes les intrigues qui se nouaient à Londres autour de sa souveraine, demanda son rappel ; il fut remplacé par le docteur Valentin Dale, jurisconsulte et maître des requêtes extraordinaires.

Au mois d'août de la même année, de nouvelles négociations furent entamées, mais les agitations suscitées par le parti des *Malcontents*, qui venait de se former en France, les empêchèrent d'aboutir. Les Montmorency, qui étaient les chefs de ce parti, désapprouvaient à la fois le gaspillage de la fortune publique, les dévastations impies des Gueux et la faiblesse des États au milieu de cette déplorable situation. Voulant rétablir la paix par leur propre puissance, et sans exposer le pays aux vengeances des Espagnols, ils demandaient la convocation des Etats-Généraux à Blois. Le duc d'Alençon recherchait en même temps l'amitié des huguenots et réclamait la lieutenance-générale du royaume. Louis de Nassau profita de ces circonstances pour lui proposer de prendre en main les affaires de la Néerlande. Il eut à cet effet avec d'Alençon, l'ami de Coligny, un entretien secret à Blamont.

Toutes ces menées rendaient Charles IX méfiant ; il fit incarcérer les maréchaux de Montmorency et Cossé, et surveiller de près le duc d'Alençon. Celui-ci s'évada de Paris « en coche et en cachette, » dit Lestoile. Le samedi 17 septembre 1575, il fit afficher une proclamation au peuple, par laquelle il demandait le rétablissement des anciennes lois et des statuts du royaume. Trois jours après, il exigea l'élargissement des maréchaux de France. A La Rochelle, le baron de Rochepot déclara aux bourgeois, assemblés à l'hôtel de l'échevinage, que le duc voulait travailler à leur procurer la paix et le libre exercice de leur religion, et qu'il se dévouerait à leur cause jusqu'à leur sacrifier sa vie.

Pendant ce temps, d'Alençon faisait lever des troupes dans le Poitou et le Limousin, et la reine-mère écrivit aux magistrats de La Rochelle, les priant de ne pas écouter les agents qui les excitaient à changer la forme du gouvernement monarchique et à lui substituer celle de la république.

A la cour, la perplexité était grande. On fit offrir au duc une des villes de Tours, Amboise ou Blois, où il pourrait résider à son choix, et l'on songea à rétablir la paix. Elle fut faite dans les premiers jours de mai 1576, et le roi augmenta l'apanage de son frère des duchés de Berry et d'Anjou, auxquels il joignit les comtés de Touraine et du Maine. D'Alençon se réconcilia avec le roi et la reine-mère à Ollinviller, où il fut rejoint par sa sœur, la reine de Navarre. Toute la famille royale assista aux Etats-Généraux, qui avaient été convoqués à Blois pour le 25 novembre.

Cette réconciliation fut fatale aux huguenots, car d'Alençon se mit, l'année suivante, à la tête d'une armée et alla assiéger les villes de la Charité et d'Yssoire qu'il pilla et ruina. Entre les deux sièges, « le mercredi 15 mai 1577, le roi au Plessis-les-Tours, dit Lestoile, fist un festin à M. le duc son frère et aux seigneurs et capitaines qui l'avaient accompagné au siège et prise de La Charité, auquel les dames, vestues de verd en habits d'hommes, firent le service et y furent tous les assistants vestus de verd, et à cest effaict fut levé à Paris et ailleurs pour soixante mil francs de draps de soie verte. »

Enfin, au mois d'octobre suivant, la paix fut signée entre le parti catholique et celui des huguenots et des malcontents. D'Alençon profita de cette trêve pour se rendre à Lafère, auprès de sa sœur, la reine Marguerite de Navarre, qui venait de visiter plusieurs provinces des Pays-Bas et y avaient intrigué en sa faveur.

De son côté, l'agent du duc à Anvers n'était pas resté inactif auprès des Etats-Généraux. Il avait si bien disposé les esprits que, le 13 janvier 1578, le prince d'Orange écrivit à des Prunaux la lettre suivante :

« Monsieur, d'aultant que j'avoi dernièrement à Dendremonde déclaré mon advis à monsieur le marquis touchant de donner quelque contentement à son Alteze, et de puis ai faict le mesme à monsieur de Medkerke et encore escrit à Messieurs du Conseil d'Estat, j'attendoi de jour en jour la résolution de messieurs les Estats. Mais hier je fu grandement esbahi recevant lettres de Son Alteze par lesquelles il me faisait cest honneur de m'advertir qu'il estoit résolu de retirer aujourd'hui ses garnisons de Binsche et autres places, et de partir demain. De quoi j'ai esté grandement émerveillé, comme de chose advenue entièrement contre mon espoir. Toutefois au mesme instant, j'envoiai à Messieurs du Conseil d'Estat et Estats ses lettres et celles de M. de Froment, les priant de vouloir adviser en diligence s'il y aurait encore quelque moien d'y pourveoir, et escrivi à Son Alteze le suppliant très humblement de vouloir encore séjourner deux ou trois jours, dedans lequel temps j'espérai que les dicts sieurs prendroient leur finale et absolute résolution. Je vous prie, monsieur, croire que pour plusieurs raisons je suis marry d'estre si longtemps absent d'Anvers, mais ceste est bien la principale que je ne puis tant aider que je désireroi à la résolution de ces affaires. Mais ce mal intestin qui estoit en ce pais a nécessairement ici requis ma présence, tellement qu'il ne m'a esté possible de m'absenter. Néanmoins ce qui me restera de pouvoir, vous pouvez tenir pour asseuré qu'il sera toujours emploié pour rendre très humble et très affectionné service à Son Alteze. Et sur ce me recommandant affectueusement à vos bonnes graces je prierai Dieu,

« Monsieur, vous donner en santé bonne et longue vie. Escript à Gand, ce XIIIe janvier 1578.

« Vostre bien affectionné amy à vous faire service,

« GUILLE DE NASSAU (1). »

---

(1) MS. 3277. Fonds français de la Bibliothèque nationale à Paris.

La reine d'Angleterre pressa aussi les Etats-Généraux d'accueillir favorablement le duc d'Alençon et ne leur cacha point tout son mécontentement des bruits malveillants que l'on faisait courir sur le compte du prince. Elle le leur manifesta en ces termes :

« Messieurs, nous avons avec grand regret entendu les nouvelles du peu de contentement que reçoit M. le duc d'Anjou de vos comportemens en son endroit ; à quelle intention il soit venu à vostre secours vous le scavez ; et quand à luy, il nous a tousjours protesté que ses actions ne s'adressoient à autre but, priant que de vous maintenir en vos privilèges et libertez sobs l'obéissance deue à Vre seigneur et prince naturel, et conserver le droict de la maison de Bourgogne en son entier, sans en diminuer tant peu que ce soit au préjudice du Roy, Vre seigneur, nostre très amé bon frère et cousine, sans quel témoignage et protestation, n'eussions jamais consenti qu'il se fust embarqué en l'action de vostre deffence. En l'exécution de laquelle s'estant toujours montré tel comme il appartenoit, et vous ayant procuré tout le bien que vos moyens ont permis combien que non pas à la mesure de sa bonne volonté, il est excusable s'il se trouve maintenant scandalisé d'avoir reçu une récompense, sy maigre que pour encorres vous luy faites, comme en avons esté informée, avec sy peu de respect à son honneur et au rang qu'il tient, ou à l'accomplissement de vos propres promesses; ce quy non seulement pourroit à bon droict aliéner en luy l'affection qu'il vous porte; mais aussy donner occasion à tous autres princes de vous condamner d'ingratitude. Et quand à nous pour vous en dire ce quy en est, nous ne saurions que nous mescontenter de ce qu'on faict accroire au monde, comme avons esté advertie que tout cela se faict pour nostre regard, et affin de nous complaire comme sy la personne de Monsieur, fils de France et frère du Roy, nous estoit sy désagréable ou luy voulussions sy mal que les descourtoisies dont on a usé en son endroict nous puissent servir de plaisir et contentement, et pourtant vous prions que ayant esgard au lieu et degré dont il est deffendu, et aux faveurs bien honorables et adventageuses qu'il vous a faictes, vous vous acquittiez de telle sorte envers luy que de vos bonnes souvenances de ses mérites, il puisse retirer le contentement qui luy appartient ; ce qui ne peut deuement estre effectué pour la réparation de son honneur, sy on ne fait punition condigne et exemplaire de ceux quy ont outragé et offensé luy et les siens Et quoy lui satisfaisant, nous ferez sy agréable plaisir comme de bon cœur prions Dieu qu'il vous ait tousjours, Messieurs, en sa sainte et digne garde. Escrit à nostre hostel de Richemond, ce 19e jour de janvier 1578.

« Votre très assurée bonne amie
« ELISABETH, reine. (1) »

Des Pruneaux eut connaissance de cette lettre et en transmit le contenu à Lafère. Lanoue, secrétaire du prince, répond, le 26 janvier 1578 : « Monseigneur vient à « Paris à ce qu'on dit, et croy que c'est pour « le mariage d'Angleterre ; il y en a quy le « veullent. »

Mais Lanoue n'était pas dans le secret de son prince. Marguerite de Valois nous le fait connaître ; c'était pour rendre le roi favorable à son projet d'entrer aux Pays-Bas à la tête d'une armée. Henri III feignit de désapprouver cette levée de boucliers, parce que l'ambassadeur d'Espagne le menaçait d'une

(1) MS. 3277. Fonds français de la Bibliothèque nationale, à Paris.

déclaration de guerre de la part de son souverain.

D'Alençon n'en exécuta pas moins ses projets ; il rassembla des troupes dans toutes les terres de son apanage d'Anjou, et le 28 mars, il adressa d'Angers à ses conseillers des Pruneaux et de Rochepot, des instructions pour traiter avec les Etats-Généraux à Anvers et leur promettre son concours.

Des Pruneaux en fit part au prince d'Orange qui lui répondit, le 26 avril : « Monsieur, je désirerois bien aussy de pouvoir privément communiquer avec vous de ce qui peut me convenir pour le bien et repos des consciences, dont je pense que principallement dépend la tranquillité de ce pays, comme aussy de la France. A quoy je scay qu'il n'y a prince en la chrestienté qui nous y peut tant ayder que monseigneur d'Alençon. Ce n'est pas une opinion qui soit d'un jour ou de deux creue en mon esprit; car il y a déjà longtemps que j'en suis résolu, et encores à présent je demeure en la mesme opinion. Je vous remercye cependant de la bonne assurance que vous me donnez de la volonté de Son Alteze de ma part, pour l'humble service que je désire faire toute ma ma vie à mondit Seigneur. Je m'employeray très volontiers à tout ce que Son Alteze jugera estre pour l'advancement de sa grandeur et le bien de ce pays, vous remerciant affectueusement de ce qu'il vous a pleu m'envoyer visiter, vous asseurant que je seray tousjours bien prest de vous faire plaisir et service où il vous plaira de m'envoyer tant pour l'amour de monseigneur vostre maistre, que pour l'amour de vous en particulier, qui sera l'endroit où après m'estre recommandé affectueusement à vos bonnes grâces, je prieray Dieu, monsieur, de vous donner en santé bonne et longue vie.

« De Anvers ce 26 avril 1578. Vre très « affectionné amy à vous faire service.

« Guille de Nassau (1) »

Quelques jours après, le 7 mai, les Etats du Hainaut, assemblés à Mons, prirent la résolution d'accepter le duc d'Alençon comme protecteur, et le gouverneur de la province, Philippe de Lalaing, s'empressa d'annoncer cette nouvelle à des Pruneaux à Anvers. Les démarches et les câlineries de la reine Marguerite de Navarre, dans les provinces néerlandaises, avaient donc obtenu plein succès.

Cependant la reine-mère est inquiète ; elle craint qu'on n'abuse son fils et pour pouvoir juger elle-même de l'état des esprits, elle se rend auprès de lui à Bourgueil, dans la première quinzaine de mai. Enfin, d'Alençon peut lui communiquer la dépêche que viennent de lui adresser, à la date du 20,

(1) ms. 3277. *Bibliot. nation.*

les Etats-Généraux de la jeune république :

« Monseigneur,

« Les affaires estant venues sy avant que V. A. nous a fait présenter son secours affin de nous deffendre et remparer de la tiranie desja par nous longtemps soufferte, avons plus particulièrement communiqué avec les ambassadeurs, espérans qu'à ce coup aurions achevé ce traité à l'advancement de sa grandeur et nostre conservation jusques là, que nous nous sommes eslargis à promettre que jamais ne rentrerons en amitié avec le roy d'Espagne sans le sceu et consentement de V. A., comme aussy de ce nous promettroit de sa part réciproquement la mesme chose avec ce que après la guerre finie, nous résolvant à prendre un autre prince, ou mesmes nous promettrons préférer V. A. à tous autres, donnant pour seureté tant de V. A. que ses trouppes en ses mains, les villes de Quesnoy, Landrecies et Philippe ville, et autres beaux et advantageux offres faictes de nostre part.

« Ils regrettent de ne pas pouvoir faire davantage et espèrent que le duc saura bien peser et considérer les motifs de la séparation de leurs ambassadeurs. »

Cette dépêche comblait tous les vœux de Catherine de Médicis et de son fils. François d'Alençon allait être proclamé le Protecteur des Pays-Bas; peut-être tous les deux entrevoyaient-ils déjà une couronne. Quel rêve! On n'osait encore y croire. Aussi, le jour même de la réception de cette dépêche, le 26 mai, le prince expédia-t-il à Anvers un courrier particulier, le sieur de Neufville, pour apprendre de ses ambassadeurs toute la vérité : « d'aultant, disait-il, que je me « suis persuadé ceste despesche m'avoir esté « faite à quelque sinistre intention, veu que « je n'ay nul advis de vostre résolution, et « que aussy je ne puis croire qu'elle

« m'ait esté envoyée des Estats-généraux. »

Il n'y avait pourtant aucun doute à avoir. Les États-généraux avaient pris leur décision après de longs débats. Alors d'Alençon n'hésita plus. Il fit ses préparatifs de départ, et le 10 juin 1578, il écrivit à de Rochepot : La présente vous sera seullement « pour confirmation et dernière assurance que je suis entièrement résolu « de m'acheminer ès Pays-Bas, voire le « plus promptement, que faire se pourra, « et encoires que j'aye depesché le S[r] de St « Leger pour aller devant avec cinq cens « chevaux, et deux mil cinq cens hommes « de pied, sy est ce que j'espère faire si « bonne diligence que j'y serai aussitost que « luy. » (Ms 3277, p. 28).

Cette petite armée se trouva en effet, le surlendemain, entre Arras et Hesdin. Le prince en fit part à des Pruneaux, et il ajoutait : « Je n'ay délaissé me disposer pour sa-

« tisfaire à la promesse que j'ay toujours « faicte à ceulx qui m'ont requis de les as« sister et secourir en leurs misères et af« flictions, ainsi que j'espère avec l'aide de « Dieu leur faire plus amplement congnoistre « dans peu de temps. » MS. 3277, p. 31 (13 juin 1578).

Porter secours aux Pays-Bays dans leurs misères et afflictions! c'était là le motif avoué, la cause apparente de l'intervention du duc d'Alençon dans les affaires de ces pays. C'était aussi le prétexte invoqué par la reine d'Angleterre pour envoyer des ambassadeurs aux Etats-Généraux, « pour ad« viser aux moiens qu'il y auroit de paci« fier les troubles. » Ainsi s'exprimait l'ambassadeur de la Reine dans sa lettre à d'Alençon lui-même.

Mais le roi de France craignait toujours de se brouiller avec l'Espagne et il faisait agir sa mère, qui était à Alençon, pour détourner son frère de son entreprise. Le duc resta inébranlable. Il partit de Verneuil avec son armée, le 7 juillet 1578, et arriva en deux jours à Bapaume et à Arras. Sur leur passage, ses bandes indisciplinées jettent la consternation dans le pays qu'elles traversent. « Éparses par la Picardie et la Champagne, elles s'accagent, pillent, volent, violent femmes et filles, tuent, mettent le feu aux maisons et aux granges par où elles passent. » Voilà d'après le journal de Lestoile, avec quels soldats le duc d'Alençon se rendit en Néerlande, « pour la défense des peuples opprimés par la tyrannie, » avait-il dit dans une proclamation du mois de mai précédent, « et pour leur rendre les anciens « privilèges qui leur avoient été octroyés « pour la plupart par le roi de France (1). »

De nombreux agents parcouraient les

(1) *Hist. générale de la guerre de Flandre*, par Gabriel Chappuis. Paris, in-4° 1611. p. 391.

provinces méridionales des Pays-Bas pour les rendre favorables au prince français. A Anvers, Mondoucet tenait table ouverte et recevait à dîner les chefs du peuple et de la ville. De Mons à Bruxelles, tout le monde paraît bien disposé ; mais les réformés craignent que le duc ne penche du côté des catholiques romains, et de Théron lui donnerait volontiers le conseil de s'entourer d'un certain nombre de protestants pour dissiper tout soupçon de partialité. C'est dans ce sens qu'il écrit de Bruxelles à des Pruneaux, le 25 juillet 1578 : « Ayant trouvé par tous les lieux où je suis passé les personnes fort affectionnées au service de l'Altesse, je suis esté merveilleusement contant et joyeulx pour le grand bien et avancement que je désire en ces affaires avec entier contantement de la dicte Altesse.

« Bien est vray que j'ay trouvé les aucuns, mesmement ceulx du party de la religion en quelque crainte et doubte pour quelque bruit qui leur a couru que l'Altesse venoit à la faveur des catholiques romains contre ceulx de la religion avec tous discours sur ce fondement, et que oultre l'advis qu'ils disent en avoir reçu, l'apparence y est grande de ce que nul de ceulx de la religion de France ne viennent à l'assistance de l'Altesse, mais leur ayant remonstré le besoing et faict entendre l'estat des affaires, ils ont esté plus contans et m'ont promis de tenir la main en tout ce qui sera de besoing, et sur ce propos me semble (si vostre seigneurie en est d'advis) qu'il serait bon que l'Altese appellat à son service nombre de ceulx de la religion. » (MS. 3277).

II

Au commencement du mois d'août 1578, d'Alençon était à Mons. Il s'empressa de nommer Roche de Sorbies, seigneur des

Pruneaux, son ambassadeur auprès des Etats-Généraux, et les pria de l'accepter comme son représentant. Des Pruneaux ne perdit pas son temps ; le treize du même mois, il signa avec leurs Hautes-Puissances un traité en ces termes :

« Premièrement, les députés des Etats-Généraux supplient très humblement monseigneur de les vouloir assister contre leurs ennemis espagnols et adhérents, de dix mil hommes de pied et de six mil chevaux à ses dépens.

« Ensemble Messieurs du Conseil d'Estat qu'on pourra accorder audit seigneur le titre de défenseur de la liberté belgique contre la tyrannie espagnole, afin qu'il ait meilleur sujet de la secourir ;

« Que lesdicts Estats réciproquement promettront, ceste guerre finie, d'assister contre tous l'Empire, le royaume d'Angleterre, les Roys de Dannemarc et de Suède, les villes de Hanse, les électeurs de l'Empire, le duc de Clève;

« Bien entendu que, ledit seigneur duc faisant la guerre contre ceux de la Religion, lesquels Estats ne seroient tenus de prester ni faire aucune assistance. »

Le duc d'Arschot fut chargé de la part des Etats-Généraux d'aller à Mons porter ce traité au duc d'Alençon et de le saluer en leur nom du titre de Protecteur de la liberté belgique.

L'Angleterre prit ombrage de l'autorité dont le duc d'Alençon venait d'être investi de la part des Etats-Généraux. Craignant de perdre toute influence sur les affaires des Pays-Bas, Elisabeth résolut d'empêcher la France d'y exercer sa puissance. Elle écrivit donc à Stafford de reprendre, avec Catherine de Médicis, les négociations matrimoniales tant de fois entamées et abandonnées. « Catherine, dit Mlle de Keralio, fut trompée par les artifices de cette princesse ; elle crut que l'intention d'épouser son fils était réelle et se livra, sans hésiter, à cet espoir flatteur. »

De son côté, le duc d'Alençon envoya de Symier, un de ses favoris, à la cour de France, afin qu'elle le recommandât auprès de la reine d'Angleterre.

Bientôt le bruit se répandit que le mariage était décidé. Leicester lui-même le crut. D'autres plus sensés étaient effrayés de la différence de religion et prévoyaient des malheurs. Les prédicateurs anglais protestaient en chaire contre cette union de leur reine avec un prince catholique. Elisabeth laissait toute liberté de blâmer ou d'approuver. A Paris, dit Lestoile, on en parlait dans les boutiques, les comptoirs et les ouvroirs, et, le 17 janvier 1579, Castelnau, l'ambassadeur de France en Angleterre, écrivit à des Pruneaulx à Anvers que M. de Symier avait si bien agi et négocié, qu'on pouvait espérer de voir S. A. le duc d'Alençon, roi d'Angleterre. Le 16 mars, il écrit encore au même :

« Monsieur, la Royne se porte aussi belle et gaillarde qu'elle fut il y a 15 ans pour fere les pasques joyeuses et rentrer en un continuel printemps. L'on y dessire la venue de monseigneur pour fere les nopces que l'on dit, avec ceulx qui ont de la prudence et de meurs discours, ce debvoir fere, et jusques icy, pour vous dire le vray, je n'y ay jamays tant veu d'aparence ny de disposition de la dite Royne, de tout son conseil, et je y pourray adjouster de toute l'Angleterre, quand ilz ont bien considéré que cella ne leur peult aporter que leur grandeur et repos. Mays à fere sy grandes nopces, il faut que les dieux s'en empêchent. Nous atendons nouvelles et finalles résollutions et conseil du Roy, de la Royne sa mère et de S. Alteze, tant pour résouldre l'entreveue, la forme, la façon que les articles du mariage, sy Dieu le veult achever. » (*Mémoires de Castelnau*, p. 14).

Castelnau continue de recevoir tous les jours de bonnes nouvelles de France, tant de la part du roi, que de la part de la reine-mère. A Londres, de Symier passe des journées entières avec la souveraine d'Angleterre. Mais, dit Castelnau à des Pruneaulx, « je croys tousjours tant les choses advenir et l'expérience que j'ay du monde me fet prendre tout ce qui est humain au pis et ne me désire jamays flater ny tromper en oppinion s'il est possible, et je vous dis encores ung coup que ledit mariaige s'avence fort, et ung moys en fera la dernière résollution. Monsieur de Symier est tant empesché à fere la court et y est sy bien veneu que à peine a le loysir d'écrire à son mestre, et encores qu'il logeà mon logis, sy ce n'est pour communiquer, nous ne nous voyons guères que aux repas, car c'est ung courtisan ordinaire en ceste court, et ne soupons ordinairement qu'il ne soit dix heures du soir, qui est le temps qu'il finist avec la Royne et les amis de ceste cause. »

Cette lettre est du 9 avril 1579, et trois mois après Castelnau écrit de nouveau à des Pruneaulx :

« Monsieur, j'ay receu vostre lettre du 8 apvril le dernier du mois en la maison de M. le comte de Lestre où nous sommes, monsieur de Symier et moy avec la royne d'Angleterre, il y a troys jours pour prendre une dernière et finalle résollution du mariage, où il y a des espérances et apparance que tout en doibt heureusement réussir. Il n'y a homme qui n'y fust trompé. La royne d'Angleterre a prins conseil de ce ces bons serviteurs et conseillers, chevaliers, à la feste de St-Georges, qui ce sont trouvés en grande cantité. Il n'y a cellui qui ne luy conseille de ce marier pour son bien et celluy du royaume. Chacun remet le tout en la discretion, puissance et authorité de S. M., laquelle garde encores les résolutions en elle-même pour la nous donner aujourd'hui ou demain, ou dedans trois jours au plus tard ; chacun en espère bien. Il y a de la difficulté sur quelques uns des articles, mesmement sur le couronnement et la communaulté que monseigneur ne demande que par honneur, conjointement avec la royne sa future espouse, si Dieu veult metre ensemble, les choses ce pourraient conposés. Cependant Son Altesse peult avoir pour le moins les conditions du Roy d'Espagne lorsqu'il épousa la royne Marie. L'amour et la bonne affection qui est entre S. M. et Son Altesse pourroit bien trouver quelque remède aux difficultés qui restent en faisant d'une part et d'aultre tout ce qui ce pourra avec la dignité et l'honneur, dont S. A. ce monstre plus curieulx que de tous les biens du monde, et comme je vous ay dit, trois jours nous feront saiges de la conclusion et envoyent à Londres. Je n'ay pas voullu perdre l'oportunité de vous faire ce mot à haste pour vous baiser les mains. J'ai donné vostre lettre à M. de Symier qui est à ceste heure trop empesché pour y faire response, et moy je monte à cheval, priant Dieu, Monsieur, qu'il vous donne en parfaite santé heureuse et longue vie. De Londres le premier jour de juillet 1579.

« Vre bien humble et très
« affectionné amy et serviteur
« DE CASTELNAU. »

Mais de nouvelles difficultés surgissent. Le parlement n'est pas convoqué, et l'on répand des livres injurieux et des libelles diffamatoires contre le prince français. La reine s'en montre offensée et fait poursuivre et condamner les auteurs, qui ont le poing coupé. Elle ne veut pas qu'on touche à la grandeur de la France, ni à l'honneur de celui qui songe à lui demander sa main.

Toutefois, l'ambassadeur de France ne reçoit pas de réponse relativement au mariage; le conseil privé doit s'assembler et délibérer. Depuis trois jours, de Symier est en conférence avec la reine. Enfin on décide qu'une entrevue aura lieu entre Elisabeth et d'Alençon. Le 23 juillet, Castelnau écrit à des Pruneaulx :

« On estime que les afferes de monseigneur ne ce peuvent que bien porter. De ma part, je ne scay ce que je en doibps dire. C'est une femme et davantage une Royne bien affectionnée à son Altèze et à la France, comme Sa Majesté le monstre avec beaucoup d'actions pleines de bonnes voulontés pour venir à l'alience et au mariage. Mais les effetz, pour en parler librement, sont remis à l'entrevue, encores que quelques principaulx articles soient arestés, sur lesquels monseigneur ce pourra acheminer en ce royaulme, et en vertu du saufconduict, tel qu'il a esté demandé selon les pouvoyrs de M. de Symié, qui est en cela bien certifié de l'intention de Son Alteze, où j'ai consenti et interveneu comme en ayent commandement du Roy et de la Royne sa mère, suyvant ce qui a esté traicté et conclue par commandement exprès de Monseigneur, que nos tenons estre tout resollu de venir voir la Royne d'Angleterre, de ne plus fere l'amour par procureur ny ambassadeur. Je vous promets que la dite Royne fet demonstration d'entretenir grandement ceste affection qu'elle dit mériter toute honneste et favorable rescompense qui ne peult estre plus grande que gaigner la bonne grace d'une telle princesse. Il y a de grans amis et ennemis de ceste cause. Aussy l'estat de le royaulme seroit-il fort petit où il n'y auroit point de contrariétés. Mais en ceste affere qui est de telle importance, Dieu en ordonnera ce qui n'est en la puissance du monde, ny des hommes pour vous en dire ce que qui ce voit en aparence, c'est que tout le moys de septembre nous aprendera le surplus, et fault avoir la patience jusques en ce temps là. Cependant je vous manderay tousjours quelque chose....

« Je supplie Dieu, Monsieur, qu'il vous donne en perfecte santé très heureuse et longue vie. A Londres ce 23 juillet 1579.

« Vostre bien humble et affectionné
« à vous obéir et vous rendre service
« N. DE CASTELNAU. »

L'entrevue projetée eut lieu à Greenwich, à quatre milles de Londres. D'Alençon reçut d'Elisabeth l'accueil d'une parfaite amitié, et put croire même à un sentiment plus tendre. Il assista à une fête qu'elle donnait à l'occasion de l'anniversaire de son couronnement, et eut avec elle une longue conversation, après laquelle la reine ôta de son doigt une bague qu'elle mit elle-même à celui du prince. Ceux qui furent les témoins de cette scène intime en conclurent que des promesses solennelles venaient d'être échangées, et l'on en était si convaincu que Sainte-Aldegonde expédia un courrier au prince d'Orange pour l'informer de ces préliminaires du mariage. Castelnau écrivit de Douvres, le 31 août 1579, à des Pruneaulx : « Je vous diray en peu de parolles qu'il n'est possible d'avoir jamays veu plus grande amitié entre princes et ce raporter mieulx d'humeurs, de conditions et naturels et faire agréables de toutes choses l'ung à l'autre, que trèze jours et trèze nuicts ce sont passez en continuelles amours avec tant d'asseurances et de belles et bonnes promesses l'ung à l'autre, qu'il ne s'en peult espérer que l'issue d'une alliance et perpétuelle amitié, sy Dieu ou quelques grandes occasions ne naissent point dedans deux moys que nous estimons le retour du dict Sr du Pont de Sé, et en ce temps ce doibvent tenir et assenbler les estats et parlement général de ce royalme pour en iceluy fere acorder et ratifier toutes choses qui auront esté promises. Brief vous ne scauriez rien souhaiter ny désirer de ce cousté que le font, ni soit encores mieux. Je me trouve de présent à Douvres en la compaignie du dit S^r ; d'où je vous ay bien voulu escrire la présente. Nous sommes venuz voir le rivaige de la mer, M. de Simyer et moy, et avons veu fere ung passaige de quatre heures audict Boullongne aussy seur que l'on le pourroit le désirer.

« Et pour la fin de celle-cy, je vous diray, Monsieur, qu'il se faut fier en la parolle et aux promesses de cette princesse qui essaye par tous moyens à ce rendre véritable et jusques icy nous avons toute occasion de nous en louer. Mais pour vous dire le vray, je croy que en l'affaire que nous traitons par desa, il y a quelque chose de si fatal que les hommes humainement n'y peuvent contredire. Il en fault voire la fin, laquelle presques seul j'ay espéré bonne contre l'oppinion commune. »

Le 12 octobre, Castelnau informe des Pruneaulx du départ du prince et de la bonne impression que sa personne a faite sur l'esprit de la reine. Une étroite amitié est restée entre eux, et elle ira en augmentant. Mais dans le peuple, il règne une certaine agitation ; on craint un changement dans la constitution et la religion du pays, et l'on conseille à la reine de remettre l'assemblée des Etats au mois de janvier de l'année suivante. Ces conseils sont entendus, et les Etats qui doivent donner leur avis sur le projet de mariage, ne seront convoqués qu'en 1580. En annonçant cette grave nouvelle, Castelnau ajoute : « Les afferes

« des princes changent à toutes heures
« Pourquoy il y fault avoir bon pied et bon
« œil. »

Cependant, l'ambassadeur de France ne désespère pas et le 13 décembre, il écrit de nouveau au représentant du duc à Anvers :

« Londres, 13 décembre 1579

« Monsieur, je pense vous avoir escrit comme la Royne d'Angleterre ayant retenu près d'un moys de jour en aultre monsieur de Symier, il a enfin remporté des articles à Son Altèze signés de ceulx du Conseil de la dicte dame, qui estoient commissaires à traicter de son mariage. C'est à S. A. d'y respondre et ce resoudre aux conditions portées par iceulx. Et par une mutuelle et réciproque amour par achever les choses qui ont si longuement traîné. A la fin les afferes n'en finiraient jamays sy avant, ny ne c'est veu meilleure disposition en ceste princesse de ce marier. Elle ayme monseigneur et luy porte beaucoup de bonne voulonté, ce que S. M. a tesmoigné en plusieurs endroicts et dernièrement en la punition et chastiment de ceux qui avaient fet ung livre de quelques libelles diffamatoires contre S. A. Je en eusse toutefoys plus toust demandé le pardon et la grâce que la rigueur de justice. J'estime que vous scaurez, amplement advertis par delà, comme le tout aura passé; toutefois l'on radjouste toujours à l'invention et la plus part du temps c'est chose malaysée de tirer la vérité; mais pour ne m'étendre trop avant en discours, je vous diray, monsieur, selon ce que je en puys congnoistre que l'amitié est très grandeentre ceste princesse et monseigneur; si le mariaige ne s'en ensuit, se sera au grand regret de ceulx qui ont estimé que c'estoit le bien et repos de ceulx deux royaulmes, et plesir de ceulx qui ont fet ce qu'ils ont peu tant en ce royaulme que en France pour l'empescher. Dieu en ordonnera sa voulonté et à mesure que je y voiray plus cler, je vous en donneray advis. Cependant toutes choses sont icy en grand repos; l'on y parle et discourt diversement de vostre paix et de vostre guerre; vous estes entre les deux et ne scaurez encores lequel vous aurez. Ainsi sommes-nous du mariaige. J'estime que le moys de mays nous en fera voir la fin au plus tart. Il s'est prins deux mois pour ce resouldre d'une part et d'autre. M. de Simyer est de ceste heure près de Son Altèze, et le sieur de Stafford que l'on espère retrouver bientoust. Je suys pressé du messager qui s'en va partir d'achever la présente et à si grande haste que je n'aye eu loysir de la revoir. Tenez moy, je vous en supplie, en vostre bonne grace et voyez que je suys à vostre service et commandement d'aussy bon cœur que je prie Dieu, monsieur, qu'il vous donne en perfecte santé très heureuse et longue vie. A Londres ce XIII décembre 1579.

« Je vous diray encores ce mot que M. de Simyer a esté aussy honorablement reçeu, treté, caressé et licenté de la Royne d'Angleterre que ambassadeur fut jamais en ce royaulme.

« C'est seulement atendant le retour.

« Vre bien humble serviteur et amy,

« N. DE CASTELNAU. »

Ainsi que Castelnau l'avait mandé à des Pruneaulx, de Symier, l'agent du duc auprès de la reine d'Angleterre, est allé rejoindre le prince, pour lui communiquer certains articles relatifs à la conclusion du mariage et à la politique générale des deux royaumes. L'ambassadeur de France, tout en désirant le succès de ses négociations et une nouvelle entrevue entre Elisabeth et d'Alençon, est parfois hésitant; il a l'esprit inquiet et laisse apercevoir son inquiétude à la fin de sa lettre du 2 janvier 1580, adressée de Londres au chargé d'affaires du duc auprès des Etats-Généraux :

« Monsieur, je vous mandoys le retardement de M. de Symier, puys son partement et comme il avoit porté des articles assez aprochans de ce que monseigneur demandoit et sur lesquelz Son Altèze, estant bien amoureulx comme il est, ce pourroit bien contenter, atendu mesmement la grande affection que luy porte la royne d'Angleterre, sa bonne sœur et mestresse qui a fet tout ce qu'elle a peu de sa part pour monstrer que à ce coup qu'elle veult fere une fin de ceste longue négotiation, tant pour son contentement, repos, establissement de son Estat que pour s'aseurer l'amitié et l'alience de France à perpétuité, et aussy que Sa Majesté a trouvé Son Altèze fort à sa fentesie, tant pour les callitez de son esprit que du corps et de son bon naturel; ce que la dicte royne a toujours désiré en ung prince qui seroit son mary, avec les aultres grandeurs et biens de la fortune. Voylà doncques, monsieur, une petite récapitullation de ce qui c'est trouvé et voit encores de bonne corespondence en l'amour de Sa Majesté, et son Altèze qui a écrit les plus honnestes lettres du monde à sa mestresse et pleines d'un singulier désir de venir au point de ne perdre plus de temps, en pleignent infiniment ceulx qu avoient receu quelque punition pour avoir écrit contre Son Altèze, qui dit vouldroit racheter leurs pointz coupez de l'ung de ces doibps, s'il y avoit remede, et qu'il ne désire pas gaigner ny acquérir la bonne grâce de sa dame, ni l'amour de ces subjectz par sanc ni rigueurs de justice, mais par misericorde contre ceulx qui auroient failly contre luy et générallement respandre son sang et sa vie pour toute celle nation, de laquelle il ne dessire que l'amour et la bénévolence, comme il le monstrera par effect, si les choses ce parachêvent, où je voy de grands advencementz de part et d'aultre, s'il n'y survient quelque autre empeschement que je ne voy point pour ceste heure, ny icy ni en France. S'il falt croyre aulx princes, croyez que monseigneur ayant écrit de la façon qu'il a fet a gaigné entièrement les cueurs de beaucoup de peuples qui estoient irritez de ceste justice qui avoient esté fecte sans misericorde, dont on avait voullu accuser monsieur de Symier de ne c'estre pas acez employé à demander leur pardon. Mays la Royne fist précipiter l'exécution ung matin à sept heures et le manda dès le soir que nous n'en scavions rien, parce qu'elle ce sentoit fort offencé de telz livres et libelles diffamatoires, en quoy elle se montra inexorable à mon grand regret. Les peuples et quelques ungs qui sont demeurés ennemis du mariaige, en firent de grands discours pour envenimer ces peuples. voullant conclure que les Françoys voulloient commencer ceste allience pour irriter la Royne contre ces subjectz. Cela eût esté petites passions et qui ne méritent d'en parler.

« Et affin que je vous die ce que nous en debvons espérer, c'est premièrement le retour du sgr de Symier de sà, puys quelques princes, de grans seigneurs, pour ratifier toutes choses qui ont esté traictez et rédigez par les dicts articles, adviser du temps de la célébration du mariaige et de la forme, et des aultres choses qui n'auroient esté desclarés acez amplement èsdicts articles. Tout cela ce pourroit fere et tenir icy le parlement pour tout ce moys prochain, et en mars, monseigneur pourroit venir, comme Son Altèze en a, à ce que je puys entendre, très bonne volonté.

« Je priray Dieu, monsieur, qu'il vous

donne en perfecte santé très heureuse et longue vie.

« A Londres, ce 2e jour de janvier 1580.

« Votre bien humble et affectionné serviteur,

« N. DE CASTELNAU. »

« M. de Stafford est retourné de monseigneur qui a aporté toutes les meilleurs nouvelles que l'on scauroit dessirer pour l'advencement du mariaige. J'estime que ceste princesse y correspondera de pareille affection, et que bientost les choses s'advenceront davantage. Je vous remercie, monsieur, de la part que vous me fetes de vos occurences de delà où il ce voit bien peu de resollution et d'effet de tout ce qui ce traicte et négotie de part et d'aultre, où le plus fin et le plus fort trompera son compaignon. »

A Londres, le parti hostile au mariage s'agite de nouveau et fait des efforts pour en détourner la reine. De nouvelles difficultés sont soulevées et Staffort est chargé par Elisabeth d'aller les soumettre au duc. Castelnau fait part de cet état de choses à des Prunaulx. Il lui écrit de Londres le 26 janvier :

« Monsieur, quant aux afferes que nous avons par desa, c'est de parachever, sy Dieu le veult, ce qui est bien commencé de part et d'aultre. Depuys les articles emportez par monsieur de Symier, il c'est fet toutes grandes démonstrations de ne voulloir plus perdre de temps, comme il seroit bien nécessaire. Monsieur de Staffort est retourné vers Son Altèze avec charge de plusieurs particularitéz, et peult estre encores de quelque peu de doubtes qui mériteroient l'eclercissement de la voulonté de Son Alteze sur ce que la Royne luy auroit écrit de sa main de particulier entre eulx pour leur bien et repos commun. Estant monseigneur en ce royaulme, l'on en atent la responce avant laquelle, il est mal aysé de juger ce qui en doibt être. Bien vous puissié dire que ceste princesse ne fut jamais en meilleure disposition. Outre plusieurs artifices et tempestes pour la dissuader luy ayent voullu aulcuns peult estre remonstrer que son entienne façon de vivre sans le mariaige luy seroit plus utile et nécessaire pour le bien et repos de ce royalme, que l'alience de France qui est suspecte à quelques ungs, tant pour le peu d'affection qu'ilz nous portent, que pour aucuns doubtes qu'ils vouldroient prendre soubz le prétexte de la religion. Mays vous pouvez juger Son Alteze par ces déportemens passez n'alterera jamays au préjudice de personne, ny de sa grandeur ny moins le voldroit et pourroit il fere en ce royaulme où il y a de grandes passions aussy bien que en France qui ne sont peult estre pas exemptes de faction. Mays je ne veulx pénétrer sy avant pour me prometre plus toust le bien que le mal, comme aussy est il avec moins de peine et plus d'honneur. Les bons ministres comme vous, monsieur, qui ont de la prudence, prévoyence et affection à la grandeur à nos princes et repos de la chrestienté peuvent beaucoup servir et ayder en ce qui s'offre, comme je ne doubte point que n'ayez fet, et le fetes tous les jours ; ce que j'ay ce jourd'huy tesmoigné à la Royne d'Angleterre et déclaré la bonne affection que luy portez, où elle a prins grand plesir et à me parler de vous et m'a prié de vous remercier de sa part et vous convier à augmenter vos bonnes voulentez en l'endroit de Sa Magesté, qui promet de le recongnoistre et vous en sçavoir beaucoup de gré. Et ce que je vous dis en peu de parolles, il c'est passé demye heure à en parler avec beaucoup d'honneur selon vostre mérite. Il est très aysé d'avoir bonne oreille de ceste princesse, qui aime qu'on lui parle de ceulx qui ont du mérite, car elle est si pleine de vertuz qui la font cognoistre et admirer par tout le monde, que Son Alteze est plus meu de telles perfections que de tous les biens de la terre, desquels il ce soucie moins, que de l'honneur et de la grandeur qui doibt estre le bastiment et pallais d'ung prince bien nay comme luy, duquel je vous prometz à la fin la sincérité et bon naturel, le rendant plus recommandable par desa que nulle autre chose qui soit. Mays vous scavez que ung estat, une court ou une mayson seroient bien petiz s'il n'y avoit tousjours de la contrariété où la rayson doibt tout accorder. Et pour achever ces discours, je ne voy que toute aparence que les afferes du mariaige doibvent prendre une bonne fin encores que peult estre il y est encores quelque peu de longueur à resouldre ce qui resteroit de difficulté; qui est ce que je vous en diroy pour supplier Dieu,

« Monsieur, qu'il vous donne en perfecte santé très heureuse et longue vie. A Londres ce 26 janvier 1580.

« Vre bien humble et affectionné,

« N. DE CASTELNAU (1). »

Enfin, quelques jours après, on reçoit à Londres, une réponse des plus favorables du duc à toutes les questions, que lui avait fait soumettre la reine par Stafford et Symier. Castelnau s'empresse d'en informer des Pruneaulx à la date du 7 février :

« Monsieur, ce que je vous pourroys dire par ceste-cy, c'est que la Royne d'Angleterre a receu nouvelles de Monseigneur sur l'arrivée du Sr de Staffort, et de sy honnestes lettres que Son Altèze a écrites à Sa Majesté

(1) MS. 3280, p. 8. Fonds français de la Bibliothèque nationale à Paris.

qu'elles seront suffisantes pour allumer ung feu dedans l'eau. Ce qui est bien contre l'oppinion que l'on avait voullu donner à la dicte dame que s'il y avait de la faulte en l'effet de ce mariaige elle ne viendroit du cousté de mondict seigneur. Ce sont des artifices desquels l'on a tousjours usé pour divertir les bonnes voulontés de ceste princesse. Mays elle a fet tant de preuves de la constance de monseigneur et de la sincère affection qui lui porte, que les ennemis communs de ceste allience ayent fet tous leurs saulx, ilz n'auront plus de quoy couvrir leurs mauvaises voulontez, soubz un conseil simulé. De sorte que ayant la Royne d'Angleterre tout ce qu'elle pourroit dessirer jusques icy de l'amitié et bonne affection de Son Alteze, c'est à elle de mander sa dernière voullonté pour fere retourner monsieur de Symier, et avoir bien tost par desa, pour conclure et ratifier le mariaige, quelques grans seigneurs et commissaires de la part du Roy et de Son Alteze, de la venue desquelz dépendra tout le négoce.

« Il y a troys ou quatre jours que je n'ay veu la Royne; mes l'on me veult dire qu'elle ne fut jamays en meilleure résollution de parachever ce qu'elle a entreprins. Je la voyray demain, Dieu aydent, et aprenderay de Sa Majesté le surplus, comme aussy fault-il que à ce coup icy elle face responce, sur laquelle il ce mete fondement de finir ceste négotiation, et pour vous dire en ung mot, ce qui est par desa, ce sont diverses affections pour et contre le mariaige, qui donnent tant de peine et de traverses à ceste princesse des commoditez et incommoditez qu'elle et ce royaulme peuvent avoir de ce dict mariaige, qu'il la fault écouster en quelque chose comme femme et Royne. Sy elle écoute les ungs et les aultres ce qui a porté la longueur dont les ennemis ce sont voullu et veullent servir pour rompre filz ; les aultres qui estiment n'y avoir rien plus honorable pour leur royne, ni utille pour le bien de ce royaulme que le mariaige, après avoir donné leurs conseilz remetent en Sa Majesté de fere ce qui luy plera. Elle ne fut jamays si contente de Son Altèze, comme elle en a bonne occasion. Je entens qu'elle luy veult fere une responce de sa main que peu de gens sçauront, et qui ne doibt estre que bonne. Il fault tousjours que je le scaiche, comme je croy aussy qu'elle ne le me cellera pas.

« Son Altèze est à Angers bien accompaigné de grands seigneurs. »

Toutes ces négociations relatives au mariage de la reine d'Angleterre se compliquaient toujours des questions de politique extérieure, des Pays-Bas, de l'Espagne, du Portugal que Philippe II venait de conquérir en s'emparant du trône de don Anthonio.

Toutes ces questions préoccupaïent l'Angleterre, parce qu'elle ne voulait pas que l'Espagne s'agrandit à ses dépens. Il fallait donc ménager la France, et Catherine de Médicis ne voulait seconder ses projets qu'à la condition de voir son fils François obtenir la main de la reine. Elisabeth l'entretint dans cet espoir et le 29 mai 1580 le ministre de France à Londres écrit à des Pruneaux :

« Monsieur, je vous diray par ceste cy à haste que je ne puys amplifier de long discours que s'il fault croyre en une Royne honorable et chrestienne, elle veult fere le mariaige dont elle me fist hier la promesse, ayent tout le jour esté avec Sa Majesté et luy fis compaignie, partent de ceste ville pour aller prendre l'air at faire ung proynes, atendent les commissaires qu'elle m'asseura mander dedens quatre jours par monsieur de Stafford, c'est-à-dire remetera au Roy et en Son Alteze de les envoyer et fera tout ce qu'elle pourra pour la grandeur de Son Altèze, et à ne laisser agrandir les Espagnolz plus qu'ils ne sont. Sy elle me trompe, je ne croyray james femme ny royne. Je ne fays point de doubte que l'on n'escrive par delà d'icy que tout est rompu ; la Royne m'a juré qu'il n'y a qu'elle qui scaiche ce qu'elle a dedans le cœur, ny veult que alcuns de son conseil ny de ces subjectz ayent plus fort congnoissence de ce qu'elle veult fere que celluy qu'elle a éleu et choisy pour mary et pour compaignon. Bien m'a elle voullu dire ce qui en est, puysque le Roy et son Altèze ce fient en moy de traicter de ceste affere qui est et a esté fort traversée de ceulx qui l'ont voulu rompre. Mes ladite dame m'a dit qu'ilz n'y ont point de puissance et que je m'asseurasse pour certain qu'elle n'aurait pas entré sy avant pour en fere une mauvayse fin. Je suys mary que je ne vous puys mander plus de particularitez. J'ay ici l'ambassadeur de Portugal à mon logis et plusieurs compaignis, et retourne demain à la court trouver la dite dame à quy je l'ay promis, et espère que là elle depeschera; sy elle y manque, il ne fault plus rien croyre, elle me tromperoit la première. Je vous écriray à loysir. Elle ne scait pas les troubles de France, et s'il y avoit quelque chose qui empeschast le mariaige, ce seroit ce malheur là. Je supply Dieu vous donner sa saincte et digne grâce. A Londres ce 29 may 1580.

« Vostre bien humble et affectionné amy et serviteur

« N. DE CASTELNAU. »

Duplessis-Mornay était alors à Gand auprès de Guillaume de Nassau. Habile à pénétrer les souplesses de l'esprit humain, et rarement trompé dans ses prévisions, il osa prédire au prince que le mariage ne se ferait pas. Le prince d'Orange lui montra les lettres de la reine, du jeune duc et de leurs courtisans ; mais il ne put dissuader Duplessis. Il alla même jusqu'à faire célébrer sa joie par des actions de grâces dans le temple protestant de Gand. Mais cette joie fut bientôt comprimée par l'arrivée d'un courrier que lui expédia Ste Aldégonde. Tout était rompu entre Elisabeth et d'Alençon. Parmi les articles de la convention matrimoniale, qui avait été débattue entre leurs députés et commissaires, on avait inséré le 11 juin 1581, une clause par laquelle la reine d'Angleterre ne serait astreinte à l'accomplissement du mariage, que lorsque l'une et l'autre parties contractantes se seraient mutuellement éclairées et satisfaites *d'aucunes choses particulières entre elles, ce dont la reine et le duc certifieraient par écrit devant le roi de France, dans le courant de six semaines.* Profitant de cette clause, Elisabeth envoya, le 23 juillet 1581, à son ambassadeur à la cour de France, des instructions par lesquelles il dut déclarer que « pour diverses « considérations, elle ne pouvait ni pour le « bien de *Monsieur*, ni pour le sien, se ma- « rier avec lui, vu l'état où sont les choses, « parce que étant déjà en guerre ouverte « avec l'Espagne, elle s'engagerait dans une « guerre, elle et son royaume par ce ma- « riage ; ce qui n'accommoderait aucune- « ment son royaume ni ses sujets. Ce ma- « riage serait au contraire fort désagréable « à ses peuples, et ferait naître des causes « de mécontentement entre elle et eux. »

La reine ajouta à ses instructions ces lignes :

« Nous laissons à votre prudence les « moyens de persuader Monsieur, que ce « n'est pas faute d'amour ou de bonne vo- « lonté pour lui que nous ne consentons pas « au mariage, mais par la nécessité où nous « sommes d'éviter de donner juste sujet de

« mécontentement à nos peuples. Vous em-
« ploierez toutes les bonnes raisons dont
« vous serez capable pour tempérer le dé-
« sagrément de ce refus, en l'assurant que
« nous aurons toujours de l'attachement
« pour lui quelle que puisse être sa fortune
« dans la suite. »

Le duc d'Alençon ne montra pas trop de dépit de cet échec. Il écrivit à Walsingham, l'ambassadeur de la reine :

« Monsieur de Walsingham, j'ai eu un extrême contentement quand la Royne m'a voulu tant favoriser de vous avoir choisi pour faire ce voyage vers le roy mon seigneur et frère, me faisant bien par cela connoistre les effets de ses bonnes volontés, me comblant de tant d'obligations, que je ne pourrai jamais m'en retirer si ce n'est par le continuel désir et inviolable affection que j'ay de lui faire service. Je suis très aise de m'estre trouvé si à propos, que n'estant que fort peu esloigné de vostre chemin, vous me passiez voir sans perte de beaucoup de temps, vous priant que ce soit à la Fère en Gastinois, où je serai aujourd'hui à coucher, et croyez que vous serez le très bien venu comme celui qui tient l'un des premiers lieux auprès de celle que j'honore et estime plus que princesse qui soit sur la terre, et que je tiens pour l'un de mes meilleurs amis. Vous attendant en bonne dévotion, je supplierai le Créateur qu'il vous tienne, monsieur de Walsingham, en sa très saincte et digne garde.

« A Château-Thierry le dernier jour de juillet 1581.

« Vostre bien affectionné amy,

« FRANÇOIS. »

De Château-Thierry, où il était allé rejoindre son armée, d'Alençon en partit le 7 août pour Lafère, et de là se dirigea sur Cambrai, où il entra sans coup férir le 18 du même mois, grâce aux intelligences que lui avait ménagées dans la place sa sœur Marguerite, reine de Navarre. Le gouverneur de la ville, seigneur d'Inchy, lui fit même une réception royale, en le conduisant sous un dais de satin blanc parsemé de fleurs de lys d'or, au son des cloches et au chant du *Te Deum*.

D'Alençon assiégea ensuite le Cateau et en délogea la garnison espagnole, puis il se rendit, au mois de novembre, à Londres, auprès de la Reine, espérant encore pouvoir la décider à le prendre pour époux. Il y passa trois mois au milieu des fêtes les plus splendides, et s'embarqua après pour Anvers, où le prince d'Orange et les députés des Etats-Généraux vinrent à sa rencontre. La reine d'Angleterre avait gratifié le prince français d'une somme de 300,000 écus pour soutenir la guerre contre l'Espagne. Mais ses troupes ne connaissaient aucune discipline; elles saccagèrent les pays qu'elles traversaient. Une conspiration éclate à Bruges contre le duc d'Alençon; on se soulève aussi à Anvers. D'Alençon marche sur Bruges, Nieuport, Alost, Termonde. Au mois de juillet, il se trouve à Dunkerque. Le 17 août 1583, il va à Lafère au devant de la reine, sa mère, et à la Noël, il est à Château-Thierry, où un soldat voulut attenter à ses jours.

Au mois de février 1584, d'Alençon se rend à Paris pour y passer le carnaval, et sa mère le fait loger avec elle en son logis des Filles-repenties. Pendant trois jours, il se masqua avec les mignons et favoris de la cour, et à son retour à Château-Thierry, il y tomba gravement malade. On disait que les collations de madame de Sauve l'avaient trop échauffé. Il avait un flux de sang, dit Lestoile, coulant par la bouche et le nez. Le frère du roi de France mourut le dimanche

10 juin 1584, vers midi, à l'âge de 31 ans, et son corps fut transporté à Paris, à l'église St-Magloire, dans le faubourg St-Jacques, où on lui fit de royales funérailles.

PROVINCIAUX

Gérard Van Meckeren, vice-amiral de Flandre.

I

Un des hommes qui ont aidé Charles-Quint à monter au faîte des grandeurs, qui l'ont servi avec le plus de fidélité et fait respecter son pouvoir avec le plus de dévouement, est Gérard Van Meckeren. Et cependant, le nom de ce personnage est à peine connu, l'histoire l'a laissé dans l'ombre.

Gérard Van Meckeren est né à Bergues, petite ville flamande située à deux lieues du rivage de la mer, aujourd'hui chef-lieu de canton de l'arrondissement de Dunkerque, dans le département du Nord. Nous ne pouvons indiquer d'une manière précise l'année de sa naissance ; mais il est certain qu'il a vu le jour dans les dernières années du

XVe siècle ou tout au commencement du XVIe, c'est-à-dire à ce moment où l'Europe commença de prendre une nouvelle forme politique, et où apparurent au monde avec Charles-Quint tant d'hommes illustres.

Bergues était, au XVIe siècle, une ville hantée par les marins, et leur fréquentation peut avoir développé chez Gérard l'ambition d'affronter comme eux les vents et les flots.

Lorsque Van Meckeren se fait connaître pour la première fois, il est déjà capitaine de tous les vaisseaux de guerre de la Flandre. — On est alors dans l'année 1528.

C'est l'époque où une indignation générale s'élève contre Charles-Quint. Ses armées avaient, l'année précédente, saccagé Rome ; elles tenaient Clément VII prisonnier au château Saint-Ange. « Les détails de la manière inhumaine dont le pape avait été traité, dit Robertson, remplirent toute l'Europe d'étonnement et d'horreur. L'audace inouie d'un empereur chrétien, à qui sa dignité même imposait le devoir de protéger et de défendre le Saint-Siège, et qui, portant des mains violentes sur celui qui représentait Jésus-Christ sur la terre, retenait sa personne sacrée dans une captivité rigoureuse, parut généralement un acte d'impiété qui méritait la vengeance la plus éclatante, et qui sollicitait la prompte réunion de tous les fidèles enfants de l'église, contre le coupable. François, roi de France, et Henri, roi d'Angleterre, alarmés des progrès que Charles faisait en Italie, s'étaient déjà étroitement liés avant la prise de Rome, et pour mettre un frein à l'ambition de l'empereur, ils étaient convenus de tenter une puissante diversion dans les Pays-Bas. »

Le 22 janvier 1528, deux hérauts, au nom de leurs maîtres, François et Henri, déclarèrent la guerre à l'empereur dans toutes les formes accoutumées.

En présence des évènements qui se préparaient, Marie, reine de Hongrie et gouvernante des Pays-Bas, chargea Van Meckeren de protéger les côtes de la Flandre. Le capitaine se rendit avec son escadre dans la Manche et y fit plusieurs prises, entr'autres celle constatée par l'acte de sauf-conduit que nous reproduisons :

« A tous ceulx qui ces présentes verront
« ou oiront, je Gérard de Meckere, capi-
« taine de tous les navires de guerre esquip-
« pées par les quatre membres de Flandre,
« lieutenant du très noble et puissant sei-
« gneur, messire Maximilien de Bourgoigne,
« seigneur de Bèvres, de la Veere, Flessin-
« ghes et de Tournahem, admiral de la mer
« de par l'empereur notre sire, en ses pays
« denbas, confesse avoir donné et par ces
« présentes donne bon et leaul sauf-conduit
« à Colart Boucart de la Rivière de Hon-
« fleur, par moy prins en mer, lequel a bien

« et duement payé son renchon, passeport « et despens de bouche par lui fait, durant « le temps de son prison, durant ce pré- « sent passeport l'espace de six jours, et « après non vaillable, pour traverser les « pays dudit seigneur empereur, moyen- « nant que ce temps pendant ne fera, ne « pourchassera chose préjudiciable à l'em- « pereur, ses villes, subjects ès-pays, et ne « polra entrer en nulles villes, chasteaux, « tenant le parti dudit seigneur empereur, « sans demander congié à ceulx qui en au- « ront la garde, deffendant à tous ceulx de « ma charge, et priant tous les aultres capi- « taines et lieutenans et à tous baillifs, « officiers et justiciers que audit dessus nom- « més ne faire ni souffrir quelque empes- « chement en dedans le pays dudit empe- « reur. Tesmoing de cestes signées de ma « main et scellées de mon sceau armoyé de « mes armes de.... XVe 28.

« Gèrar de Meckere. »

Cependant la guerre annoncée ne se fit point. Le roi d'Angleterre avait trouvé dans ses sujets la plus grande aversion pour son projet, qui n'aurait eu d'autre résultat que la ruine du commerce de la nation anglaise. Afin d'apaiser leurs clameurs et de prévenir une révolte prète à éclater, il fut même forcé de conclure une trève de huit mois avec le gouvernement des Pays-Bas.

Van Meckeren quitte alors son vaisseau et rentre dans ses foyers.

II

Trois ans après, nous le voyons investi des premières fonctions de la magistrature de Bergues. De 1532 à 1533, il occupe le fauteuil de *poortmestre* ou *chef de la commune*, et comme tel il préside le magistrat, composé de deux échevins, de trois conseillers pensionnaires, de trois greffiers, d'un receveur, d'un bailli, d'un lieutenant-bailli et d'un vicomte. Ressortissant du Conseil Souverain de Malines, ce magistrat exerçait, au nom des comtes de Flandre, haute, moyenne et basse justice, et avait en outre dans ses attributions la police et les finances.

La politique enleva bientôt Van Meckeren à son siège curial.

Charles-Quint, maître de l'Italie, avait donné à Sforce l'investiture du duché de Milan, et lui avait promis la main d'une de ses nièces, fille du roi de Danemark. Il envoya à Copenhague Maurice de Oldenbourg et Wallerem de Haplincourt négocier ce mariage.

L'escadrille mit à la voile le 14 août 1533 et aborda à Copenhague le 28 septembre suivant. Jamais ambassadeurs ne reçurent accueil plus amical. En touchant terre, ils trouvèrent un courrier du roi de Suède; la noblesse danoise vint les inviter à un festin;

l'évêque de Roschild alla les visiter à bord et l'équipage versa à boire à ses gens.

Le 18 octobre, on quitta le Danemark. Après avoir député au duc de Holstein deux personnages de leur suite, Otton van Swerten et Otton Stychssen, Maurice de Oldenbourg et Wallerem de Haplincourt gagnèrent la Hollande où ils avaient à conférer avec le stadhouder.

Pendant ce voyage, Oldenbourg et Haplincourt dépensèrent cent quarante-deux livres, sept sous et six deniers ; ces débours leur furent rendus, et ce fut, paraît-il, l'unique salaire attaché à leur mission. Ce fait nous est attesté par l'un des ambassadeurs, dans ce billet : « Je Mauricius Van Oldembourg « confesse avoir receu de Antoine Le Brin, « ascilleur et trésorier des guerres de l'em- « pereur notre seigneur, la somme de cent- « quarante-deux livres, sept sols, six de- « niers, monnaie de Flandres en livre, que

« par le commandement et ordonnance du-
« dit seigneur empereur et de monsieur le
« comte de Hoogstraete, son lieutenant-
« général de Hollande, Zélande et Frise,
« des villes et pays d'Utrecht, il m'a payé
« et délivré présentement à cause de sem-
« blable somme que deue m'estoit tant pour
« certains despens par moy faict avec Wal-
« lerem de Haplincourt au voyaige par nous
« faict, et ce du pays de Denemercke,
« meismes de Elscheveur jusques en la
« ville de Collembourg devers mondit sieur
« de Hoochstraete, aussi pour achat de
« quatre chevaulx que nous avons eus au-
« dit voyaige, que pour certain chariaige et
« batellaige que nous a fallu payer et des-
« bourser ; de laquelle somme de CXLII liv.
« dudit prix et pour la cause que dessusdite
« je suis bien payé et en quicte lempereur.

« MAURIS VAN OLDEMBORCH. »

III.

Depuis environ deux siècles, la Norwège, la Suède et le Danemark étaient soumis à un même sceptre. Les rois de Danemark étaient en même temps souverains des deux autres nations. Mais Christiern II, que l'histoire a flétri du nom de *Néron du Nord*, fut si cruel envers ses sujets, qu'ils s'insurgèrent contre lui. La Suède se souleva à la voix de Gustave Wasa et reconquit sa vieille indépendance. Dans cette conflagration générale, Danois et Suédois furent tantôt vainqueurs, tantôt vaincus. Cependant Christiern finit par prendre la fuite et se réfugia dans les Etats de Charles-Quint, dont il avait déjà nombre de fois imploré le secours.

En 1536, l'empereur voulant soutenir le parti de son beau-frère, lui expédia une flotte de quarante vaisseaux.

Gérard Van Meckeren et Nicolas Dasnes,

capitaine, furent chargés de l'armement des navires qui se trouvaient dans le port de Dunkerque. Cornil Sceppers leur manda de se presser. « Messieurs, leur écrivit-il, pour « ce que l'empereur ma de rechief comandé « haster cest esquipage, en quoy vostre pré- « sence est nécessaire, je vous advise « qu'ayant entendu de Jehan Vandenveere « que serait à propos que messieurs de la « loi de Duncquerque y passent quelques « pièces d'artillerie et admunitions pour la « charge de *l'Aigle* et de *l'Ecossaise*. Je ay « escript ausdits sieurs de la loy ainsi le « voloir faire, espérant que aussy le ferez, « vous requirant accelerer vostre retour et « faire provision de ce que vous fault de « gens et vivres pour les avoir prêts à la « fin de ce mois de janvier, en suivant « les propos que je vous ay tenu avant votre « départ de la Veere. Et en tant que dessus

« vous prie ne faire faulte. A tant, mes-
« sieurs, Dieu soit garde de vous.

« De Vlissinghes, ce XVe jour de jan-
« vier XV^c XXXVI.

« Le bien vray amy à vous,

« CORNIL DE SCEPPERS. »

Maximilien de Bourgogne commanda l'expédition de Danemark.

IV.

Lorsque nous retrouvons Van Meckeren, la guerre est déclarée entre Charles V et François Ier, roi de France. L'empereur conduit ses armées dans le cœur de la Champagne, marche sur Epernay, et surprend Château-Thierry. Redoutant les suites de cette course, la France fait des propositions de paix; Charles les accepte, et la paix est signée le 18 septembre 1544, à Crespy, petite ville près de Meaux.

Pendant la guerre, Van Meckeren se tenait en mer en vue des côtes de la Flandre, veillant à leur défense et faisant quelques prises à l'ennemi. Le 23, il reçut à son bord une lettre de Maximilien de Bourgogne, qui s'exprime ainsi : « Capitaine, j'ai recheupt « lettre de la Royne, dont vous envoye pré- « sentement certain extraict touchant An- « thoine de Lini, capitaine, lequel extraict, « ce bon vous semblera. vous luy pourrez « monstrer, vous requérant que avecq ledit « Anthoine, veuillez tenir toutte amitié, « amour et union, affin que n'ayez aulcune « question avecque luy, vous advertissant « que touchant le bruyt et paroles qui « courent de la paix qui seroyt entre l'em- « pereur et le roy de France, que Sa Majesté « mey a riens escript, partant je présume « que tout n'est que grandes mentiries et « mensonges, néanmoins de ce que vous n'y « ferez auculnes paroles ou répétition.

« Pryant le Créateur vous, capitaine, « avoir en saincte garde.

« De Zandenbourg, ce XXIIIe de septembre XVe quarante-quatre.

« Votre bon amy,

« MAXIMILIEN DE BOURGOGNE. »

On comprend facilement que l'amiral ait pu dire à son capitaine, qu'il n'était pas encore informé de la conclusion de la paix, puisqu'elle n'avait été signée que le dix-huit septembre et que sa lettre était du vingt-trois. Ce n'était pas en effet dans l'intervalle de cinq jours qu'une nouvelle pouvait être transmise, au XVIe siècle, de Crespy à Sandenbourg. Cependant, comme on savait que des conférences avaient eu lieu à ce sujet entre Charles et des envoyés de France, l'amiral engagea Van Meckeren à être prudent.

V.

Environ cinq ans après la date de cette lettre, des difficultés avaient surgi entre la France et l'Angleterre au sujet de l'Ecosse. Van Meckeren fut chargé d'aller en croiseur dans la Manche. Il reçut à cet effet, le 14 mars 1549, de Maximilien de Bourgogne, un diplôme écrit en flamand où sont énoncés les motifs de sa mission. Nous les traduisons : « Maximilien de Bourgogne, chevalier de l'ordre de la Toison d'or, seigneur de Beveren, de la Veere, Flessingue, Brouwershave, Dunoland, Tournehem, amiral et capitaine-général de la mer, gouverneur de Hollande, Frise et Utrecht, faisons savoir que Sa Majesté est dans l'intention d'expédier en mer quelques navires de guerre pour servir Sa Majesté contre les Écossais, ses ennemis déclarés, et protéger la navigation contre toute attaque des pirates. A cet effet, Sa Majesté a chargé plusieurs capitaines de cette mission, et entr'autres Gérard Van Meckeren, à cause de son inébranlable fidélité à son empereur et de son expérience dans la guerre maritime, et parce que nous le connaissons particulièrement. Nous avons donc commis, nommé et établi au nom de Sa Majesté, commettons, nommons et établissons ledit Gérard Van Meckeren par ces présentes, pour notre stadhouder et capitaine-général de toute la flotte et de l'armée de mer, sur le navire *le Faucon*, avec toute prééminence et autorité sur ladite flotte, ainsi qu'il conviendra, mais en se conformant toutefois aux instructions et ordonnances impériales que nous lui avons transmises, en date du 19 janvier dernier.

« Ceci est notre exprès commandement, que le susdit capitaine Gérard Van Meckeren ni sa troupe ne pilleront ni feront aucun dommage, et ne souffriront qu'il soit pillé ou fait le moindre préjudice, soit aux sujets de l'empereur, soit aux étrangers, soit à ceux qui ont sauf-conduit ou passeport. Lorsque avec sa flotte il saisira quelque bâtiment pirate ou ennemi, il nous en donnera connaissance en notre qualité d'amiral ou à nos stadhouders dans les quartiers où les vaisseaux pourront aborder, le tout suivant le rescrit des ordonnances de Sa Majesté impériale qui seront fidèlement exécutées. Le susdit Gérard Van Meckeren a prêté entre mes mains serment de fidélité. C'est pourquoi nous ordonnons à tous justiciers et officiers et sujets de Sa Majesté impériale de respecter partout le susdit capitaine Meckeren, lorsqu'il agira pour l'exécution des présentes et de lui donner aide et main-forte au besoin. Fait sur notre flotte de Zandenbourg, sous notre scel de l'amirauté, le XIV[e] jour de mars XV[c]49.

« MAXIMILIEN DE BOURGOGNE. »

Par monseigneur l'amiral.

« SIMON. »

Cependant, malgré la présence de Van Meckeren dans les eaux de la Manche, on eut à souffrir des pirateries des ennemis; on pensa même que des Flamands n'étaient pas étrangers à ces actes de pillage. L'amirauté de Dunkerque s'en plaignit à l'amiral de Flandre. Maxilien de Bourgogne enjoignit à son vice-amiral et aux membres du Conseil d'être impitoyables envers les corsaires pris les armes à la main. « J'ay « différé, leur dit-il, de vous rendre responsе « sur l'appréhension des pirates tant Englois « que aultres, dont m'avez envoyé les « informations jusques avoir le tout monstré « à la Royne et ceulx du Conseil; lesquels « aujourd'hui ont déclaré que debviez exem- « plairement les punir en leurs vies, dabon- « dant que les subjects de pardechà que y « sont trouvés soient mis comme traistres

« en quatre quartiers et tous délaissés sur
« le grand chemin tyrant vers Engleterre.

« Quant aux despens et mises de la jus-
« tice, semble qu'ils se doibvent payer de
« leurs navires et biens.

« A tant, très chers et bons amys, nostre
« Seigneur vous ayt en sa garde.

« De Bruxelles, ce XXIIIe de novembre
« 1549.

« Le bien Vtre bon amy,

« M. DE BOURGOGNE. »

Dans l'accomplissement de son pénible mandat, Van Meckeren éprouva des contrariétés de la part de ses compatriotes, s'il faut en croire une lettre de Cornil de Sceppers. « Capitaine, lui écrivit-il de
« Bruxelles le 21 Décembre 1549, ceste sera
« pour vous advertir en amy coment mon-
« seigneur de Rueulx s'est hier soir envers
« moy doulu de vous, disant que les baillifs
« de Vlissinghes, de Ermuyde et de la

« Verre se sont plaintz de vous, aschavoir
« celluy de Vlissinghes soubstenant que
« auriez gasté sa navière, à cause de quoy
« il vous vouloit tyrer en procès, y adjous-
« tant ledit de Vlissinghes que aussi pareil-
« lement aviez gastée celle de monseigneur
« de Rueulx. Celluy de Ermeryde soubs-
« tenant que luy faisiez tort de dire que les
« cables et cordailles par luy délivrez à
« lestouffement de la navière de mondit
« seigneur, nestoient point bons, et qu'il
« prouveroit que lesdits cables et cordailles
« avoient été tels comme ils devoient estre,
« et si aulcune faulte a été trouvé èsdits
« cables et cordailles, ce a esté par vtre
« moyen que les aurez laissé trainer en la
« fainge, et non pas tellement gardé comme
« conviendrait. Celluy de la Vere soubste-
« nant que avez compté pour despens au
« prouffit de ladite navière aultant que
« monte le frêt d'icelle, de sorte que là où

« monseigneur pensoit recevoir onze ou « douze cens florins pour ledit frêt, il ne « na rien receu. Ains le luy a ledit baillif « conté, qu'il ne trouve pas ressonnable, » veu que ainsi faisant son dit navière au- « roit servy pour riens, et ainsi lavoir « entendu de son homme retourné de « Zélande. Sur quoy luy respondis que « estiez allé quelque part et si quelqu'un « vous vouldroit charger, que y estiez « adverti, vous priant enquerrir de navière « et du prix d'icelles conforme à nos devi- « ses, et du tout m'advertir le plustost que « pourrez.

« A tant, monsieur le capitaine, en me « recommandant de bien bon cœur à vos « bonnes grâces, prie le Créateur vous don- « ner bonne vie et longue.

« Le tout vtre amy et serviteur,

« CORNILLE SCEPPERS. »

Cependant une transaction intervint entre

les Anglais et les Écossais ; mais comme elle avait eu lieu sans le concours de l'empereur, Charles-Quint s'en montra très-mécontent et rappela son ambassadeur d'Angleterre. Gérard Van Meckeren fut chargé de protéger sa rentrée. Cornil Sceppers lui annonça cette nouvelle mission dans les termes suivants : « Capitaine, je vous advise que « l'empereur revocque (rappelle) son ambas- « sadeur d'Angleterre, messire Franchois « Van Dilft, chevalier, et désire qu'il soit con- « voyé de sorte qu'il ne tombe ès mains des « Écossais ou aultres pyrates. Et pourtant « ma Sa Majesté commandé vous ordonner « que incontinent après la réception de « cestes, vous ayez à transporter avec les « navires de vostre charge sur la coste « d'Angleterre vers lyssue et emboussure « de la Tamise, et en ce ne faire délay. Vous « scaurez ce que aultrefois vous ai escript « à lendroit dudit seigneur ambassadeur,

« lequel oultre qu'il est personnaige de tel « respect que sa function importe, est en mon « particulier bon seigneur et amy. Parquoy « oultre ce que estes obligé obeyr à Sa Ma- « jesté, me ferez plaisir exécutant ce que « dessus.

« A tant, capitaine, nostre Seigneur ait « garde de vous.

« De Bruxelles en haste ce Xme de « may 1550.

« Le bien vostre serviteur et amy,

« CORNILLE SCEPPERS. »

D'aûtre part, le traité de Crespy était toujours en vigueur, et aucune atteinte ne pouvait y être portée quoique l'empereur ne fût pas dans des termes de très bonne amitié avec le roi de France. Van Meckeren, en laissant ses navires continuer de donner la chasse à des bâtiments se rendant en France, transgressait donc la paix conclue entre les deux souverains. Cette transgression du droit des gens souleva des réclamations de la part de la France. Sceppers lui manda à cette occasion : « Capitaine, je vous advertis « et vous debvez savoir que du costé de « France on s'est plaint de vous de ce qu'a- « vez donné la chasse à aucuns navire de « guerre escossais jusques audessoubs de « la place de Conquest én la basse Bre- « taigne, et que en oultre avez émpesché « aux subjects du roy de France le francq « passaige et que davantaige avez prins les « navires appartenant auxdicts subjects de « France. Vous debviez selon ma commande « m'informer et entendre ce qui en est, affin « qu'on en puisse respondre à la vérité, « conserver bonne amitié entre l'empereur « et le roy de France, et à ce que soyez oy « en vos différends, puisque je voy qu'il est « raisonnable que devons aider de votre « commission, instruction et serment qu'a- « vez fait en mes mains au nom de l'empe-

« reur. Je vous aideray et assisteray con-
« formément à iceluy serment. Désirant
« avoir réponse de vous sur ce que dessus,
« laquelle pourrez adresser au bailly de la
« Veere ou Vlessinghes, selon que la saison
« le portera pour ma descharge et la vostre.

Puis, Sceppers ajouta :

« Je vous ai escript par dernières lettres
« touchant deux choses ; l'une, que vous
« tenissiez avec vos navires sur la coste
« d'Angleterre vers l'issue sur la Tamise
« jusques à ce que l'ambassadeur aura
« passé, qui sera de brief ; ce que de re-
« chief je vous recharge de faire.

« L'aultre point est touchant les vic-
« tuailles pour deux mois à entrer après
« l'expiration de ces trois premiers mois
« courant encoires jusques à le XIe de juny
« prochain venant, duquel point aurez été
« adverti par mes lettres plus particulières
« et aussi par ce que vous aura donné à

« cognoistre le bailli de la Veere, comme « ledit bailli m'escript vous avoir mandé. « Pourquoy je désire scavoir votre responce « absolument et des aultres capitaines res- « pectivement, parce qu'il m'a esté chargé « ainsi le faire, afin d'y pourveoir en « lung envènement ou en l'autre, d'aultant « que je n'ay trouvé aucunes obmissions à « l'endroit de donner charge desdits vivres « en aucuns des capitaines de vostre com- « pagnie, lesquels sera bien qu'ils se ré- « solvent et bientost afin que je ne demeure « entre deux selles pour ma décharge envers « l'empereur et de tous aultres.

« A tant, capitaine, nostre Seigneur soit « garde de vous.

« De Bruxelles, ce XXIme de may 1550.

« Le tout vre bon amy et serviteur

« CORNILLE SCEPPERS. »

Six semaines après, Van Meckeren reçut de Sceppers ce billet écrit à la hâte :

« Capitaine, je m'en vay à diligence en « court, mais sera bien que demain avec la « compaignie de vos sept navières, retour« nez en mer, et pourrez en dedens cinq ou « six jours estre de retour en Zélande ou icy, « en sorte que lhors aurez de mes nouvelles.

« A tant capitaine, ntre Seigneur soit « garde de vous.

« De Ostende, ce huitième jour de juil« let XV^{c} cinquante.

« Le bien vre bon amy et serviteur
« CORNILLE SCEPPERS. »

La paix fut rompue entre l'empereur et la France vers la fin de 1551 ; tout commerce cessa alors entre les deux puissances. Les pêcheurs ne purent plus sortir des ports du littoral de la Flandre, qu'escortés de vaisseaux de guerre. On en arma à cet effet dans les villes de Dunkerque, Nieuport et Ostende. Pour subvenir aux frais de cet armement, on imposa sur les pêcheurs un certain droit par lest de harengs, droit connu sous le nom flamand de *lastgheldt* et qui était de cinq sols pour les harengs en caque et de six sols trois deniers pour les harengs frais.

Au milieu de toutes les complications qui naissaient de la guerre, les capitaines Van Meckeren et Nicolas Dasnes se rendirent à la Veere, dans l'île de Walcheren. Ils y avaient été appelés par Adolphe de Bourgogne et le seigneur d'Eecke, qui avaient à les entretenir des intérêts de l'État.

Van Meckeren et Dasnes écrivirent quelque temps après à l'amiral de Flandre, Maximilien de Bourgogne, et au seigneur d'Eecke, pour être indemnisés de leur frais de voyage. « Vous remonstrent en toute humilité et ré-
« vérence, leur dirent-ils, comme par lettres
« missives de sa seigneurie d'Eecke et
« monsoigneur de la Chapelle (Adolphe de
« Bourgogne), ont été, les dicts Van Mecke-
« ren et Dasnes, mandés de venir en dili-

« gence à la Veere, pour entendre de mes-
« dits seigneurs la charge qu'ils ont de Sa
« Majesté et de la royne, et de mondit sei-
« gneur l'amiral. A quoy ayant obey, ont
« faict certaines vacations et despens de
« chariots et de bateaux, depuis le qua-
« torzième jour de mars inclus jusques à ce
« jourd'huy le XXVIIIe d'avril, qu'ils font en-
« semble quarante-saipt jours, dont de leurs
« vacations désirent estre payez et rem-
« boursez selon que vous trouverez estre
« raison, suppliant partant à respect que
« dessus, que les veuillez donner ordon-
« nance au commis, de les payer dudict ex-
« traordinaire, ensemble de leurs vacations
« comme trouverez appartenir.

« Sy fairez bien. »

En marge de cette requête, Maximilien écrivit :

« L'on ordonne au trésorier Molkemad de
« donner à bon compte à chacun de ces sup-

« pliants la somme de dix livres de gros « monnaye de Flandres.

« Fait à la Veere le XXVIIIe d'avril 1552.

« MAX. BOURGOIGNE.

« SCEPPERIUS. »

VI.

Nous touchons au moment où Van Meckeren va recevoir la récompense de ses fatigues, de ses longs travaux, de son dévouement à la patrie, de son inébranlable fidélité à son souverain.

Le seigneur de Locre, Antoine de Briarde, vice-amiral de Flandre, est mort dans sa maison de Dunkerque où il eut, quelques années auparavant, l'insigne honneur de recevoir l'empereur Charles-Quint. Le vingt novembre 1553, Van Meckeren écrivit à Maximilien de Bourgogne pour l'informer de la maladie de Briarde. Le vingt-quatre, l'amiral lui répondit : « Monsieur le capitaine,

« j'ay receu votre lettre en date du xxe de « novembre, par laquelle m'advertissez de « la grièvemaladie du seigneur de Loockre, « Mais hier au soir fuz adverty par son frère « Louys et par le burgmestre de la ville, « Mahieu de la Helle, qu'il est trespassé, « et m'a sollicité ledict de la Helle, son estat. « Mais pour ce qu'il m'est mémoratif que « aultrefois m'aviez adverty qu'il estoit as- « sez délibéré de résigner son office en vos « mains, et que lors vous accorday, fut-ce « par résignation ou par trespas, et par « aussy encoires dès à présent vous accorde, « touteffois soubz certaines conditions que « je vous déclarai ou à vtre commis que « poirez envoyer à ce Noël vers moi, car à « ceste heure je pars en court et crains « ma longue demeure, et pour ce que estes « souvent travaillé de maladies, je voul- « drois bien que tinssiez pour vtre substitut « ledict de Helle, comme homme qui a cog-

« noissance de longtemps dudict estat et
« hanté les affaires de l'admiralité.

« A tant, capitaine, je prie le Seigneur « vous donner sa grâce et santé.

« De Flessingues ce XXIIIe de novem- « bre 1553.

« Vtre bien bon amy,

« M. DE BOURGOG^{NE}. »

Huit jours plus tard, c'est-à-dire le premier décembre, Van Meckeren reçut le brevet de vice-amiral, signé de Maximilien de Bourgogne. Cet office, dit Guichardin, est très-digne, honorable et de très-grande importance ; car il est gouverneur de toutes choses appartenantes à la mer et ses dépendances, ayant part à toutes confiscations, proyes et butins qui se font sur la mer en temps de guerre.

L'année où Van Meckeren fut investi de sa nouvelle charge, les hostilités recommencèrent entre l'empereur et la France. Elles donnèrent lieu aux capres dunkerquois de faire diverses captures sur les ennemis. Ils en firent entr'autres deux considérables, dit Fauconnier; la première fut faite par un navire de guerre appelé l'*Hirondelle*, appartenant à Gérard Van Meckeren, vice amiral de Flandre; et la seconde par un vaisseau nommé la *Trinité*, commandé par Pierre Myns. Charles-Quint voyant que les armements de Dunkerque, tout en favorisant le commerce, incommodaient aussi beaucoup les ennemis, envoya à cette ville cinq mille florins, tant pour reconnaître la valeur des corsaires, que pour aider à équiper leurs navires.

Durant l'année 1554, Van Meckeren reste à Bergues, occupé des affaires de l'amirauté. Il écrit à son collègue de Zélande pour l'informer de sa visite au printemps, et de l'envoi d'un fromage, présent d'un grand prix en 1554 et un des produits les plus renommés de la châtellenie de Bergues. Philippe de Bèvres lui répondit : « Monsieur le capi-« taine, j'ay bien receu vtre lettre et entens « que debvez venir par decà vers le prin-« temps pour saluer monseigneur, et lors « pourrons ensemble parler touchant vostre « contract.

« Monsieur le capitaine, je vous remer-« chie du fromaige que vous m'avez envoié. « J'espère que vous en aiderez mengier « avecque la grâce de Dieu, auquel je prie, « monsieur le capitaine, vous donner santé, « bonne vye et longue, me recommandant « de bien bon cœur à vous.

« De la Verre ce XXIme jour de janvier anno 1554.

« L'entièrement vre bien bon amy

« PHILIPPE DE BÈVRES. »

A son retour du voyage promis à Philippe de Bèvres, le vice-amiral est tout entier à son amirauté. Il délivre des passeports aux prisonniers de guerre, termine des procès arriérés, règle ses comptes, dresse les tableaux de ses prises de mer, qui, du 21 septembre 1553 au trente juin 1554, ont atteint le nombre de vingt-huit. Parmi ces prises, on compte quatorze navires français, tous originaires de la Normandie ou de la Picardie.

Ces captures rapportèrent à Gérard Van Meckeren quatre-vingts livres, treize escalins, six deniers de gros. C'était la dixième part qui lui revenait en sa qualité de vice-amiral.

Si le vice-amiral était sévère envers les ennemis de son maître, il considérait comme un devoir de ne pas laisser porter atteinte à la liberté de ceux de sa nation. Aussi, invoqua-t-il l'intervention de l'ambassadeur de Charles-Quint à la cour de Londres, pour l'intéresser à l'élargissement d'un compatriote qui avait été enfermé dans les prisons

de Douvres. « Monseigneur, lui écrivit-il à la date du 24 juillet, la bonne fame et re-
« nommée dung Willem Gheertz, hollan-
« dois, natif de Delft, capitaine sur une sa-
« loupe, et mesmes le bon serment qu'il a
« fait en sa qualité á l'empereur et à ses
« pays, en exploitant contre ses ennemys
« sur mer, me donne occasion de présente-
« ment escrire à vtre seigneurie et en sa
« faveur. Vous très-respectueusement re-
« querre pour autant et sy avant que son
« cas et affaire mérite faveur et n'est aucu-
« nement exorbitant de droit, adversant la
« justice ne tendant contre le bien publicq
« ou l'honneur de l'empereur, qu'il vous
« plaise pour ledit Gheertz intercéder vers
« monsieur l'admiral dAngleterre quy le
« détient présentement à Dovres ou par vos
« lettres ou de bouche comme l'oportunité
« ou occasion le requerra, affin qu'il soit mis
« ou délivré ou relaxé de prison ou du-

« moings que l'expédition de justice luy soit « faite.

« Et s'il vous plaise me comander chose « aulcune pardeçà, je m'employerai à l'a- « chever et acomplir daussy bon cœur que « me recomande à vtre bonne grace et « priant au Créateur vous, monseigneur, « donner le comble de vos bons désirs.

« De Berghes ce XIIIIe jour de juillet XV^c « LIIII.

« Vostre obéissant servyteur,

« GEREART MECKEREN. »

Les courses, entreprises pendant l'année 1554 par la marine flamande, avaient fatigué ses vaisseaux et les avaient endommagés pour la plupart ; Maximilien de Bourgogne envoya à son vice-amiral du bois de Zélande pour les radouber ou les reconstruire.

Au mois de novembre, Van Meckeren s'apprête de nouveau à armer. Il est secondé dans ce dessein par les chefs de la bourgeoisie de la ville de Bergues. Son fils Cornil se rend à cet effet à la Veere, le 13 janvier 1555.

Van Meckeren fit de nouvelles prises importantes, mais il perdit cinq de ses barques dans un combat qu'il soutint contre des Normands en vue de Douvres. Ces petits bateaux, chargés d'épiceries et d'autres marchandises, furent pris à l'abordage par le capitaine d'Espineville qui croisait dans la Manche, et amenés à Dieppe.

De son côté, la reine d'Écosse se plaignit le 7 mai 1555 à la gouvernante des Pays-Bas, de ce que les Flamands s'emparaient chaque jour de vaisseaux écossais. D'autres réclamations s'élevèrent encore et aboutirent à des transactions. Le 9 juillet de la même année, Philippe de Bèvres écrivit à Van Meckeren pour lui annoncer qu'il venait d'arranger une affaire.

VII.

L'histoire nous a transmis le récit d'une de ces scènes grandioses qui ont laissé dans le monde une émotion profonde. C'est celui de l'abdication de Charles-Quint, se dépouillant de son diadème impérial pour revêtir le froc du moine et s'enfermer dans une cellule.

Charles donna cet exemple d'abnégation le 25 octobre 1555, à Bruxelles, dans une séance solennelle des Etats des Pays-Bas, en présence de son fils Philippe II, de sa sœur la reine de Hongrie, de grands d'Espagne et de princes de l'Empire. La retraite qu'il choisit se trouvait en Espagne ; il voulut s'embarquer sans délai, parce qu'il sentait l'impossibilité de se débarrasser entièrement des affaires, tant qu'il demeurerait à Bruxelles.

Gérard Van Meckeren fut chargé de veiller sur cette grande fortune pendant la traversée. L'Empereur avait voulu donner un dernier témoignage de sa confiance, au brave et fidèle marin qui a tant de fois exposé sa vie pour la cause de son souverain.

Le 26 octobre, Philippe de Bèvres manda à Van Meckeren de se rendre en toute hâte à la Veere : « Monsieur le capitaine, lui « écrivit-il, j'ay à ce matin receu une let« tre de monseigneur de Bèvres, par laquelle « il me ordonne avecque vous choysir lun« gne des deux navires, à savoir, le *Pélican* « ou le navire de Pieter Hooft. Parquoy en « vtre absence ay communiqué l'affaire à « plusieurs, et avons délibéré et arresté de « prendre la navire dudict Pieter Hooft. Je « me trouveray cest après diné à Armuyn« den et feray accoustré ladicte navire au « mieulx quil me sera possible. Il ny a « moyen de faire venir ichy la navire, car

« en porroit subvenir retardement, et lem-
« pereur veult que en toute diligence on
« haste lesquipaige. J'ay ouvert votre lettre
« que monseigneur vous escript et vous prie
« en toute diligence vous trouver ichy, affin
« que quand monseigneur viendra, je puisse
« trouver son cas prest.

« A tant, monsieur le capitaine, je me re-
« commande de bien bon cœur à vous, priant
« le Créateur vous en santé donner bonne
« vie et longue.

« De la Veere, ce XXVIe d'octobre 1555.

« Votre entièrement bien bon amy,

« PH. DE BEVRES. »

Cependant, Charles différa son voyage de quelques mois. Ses médecins lui avaient si vivement représenté le danger qu'il y avait à se mettre en mer dans la saison la plus froide et la plus orageuse de l'année, qu'il avait consenti, quoiqu'à regret, à retarder son départ.

Le spectacle d'un monarque déposant son sceptre, renonçant à toutes les splendeurs du plus beau trône de la terre, pour aller humblement s'ensevelir dans un monastère, exaltait les esprits. De jeunes gens voulurent accompagner leur souverain jusqu'en Espagne. Il y en eut qui s'engagèrent comme matelots à bord des navires qui devaient faire partie de l'expédition. Bergues, la ville natale de Van Meckeren, en fournit quatre.

Mais, lorsqu'on sut que l'empereur avait remis son voyage, les parents réclamèrent leurs fils. Un religieux de l'abbaye de St-Winoc (de Bergues) intercéda à cet effet auprès de Van Meckeren, pour qu'il fît rentrer son neveu sous le toit paternel. La lettre du moine nous a été conservée, la voici :

« Après toutes favorisables et aimables
« salutations, très honorables, discret et
« bien aymé seigneur et vice-amiral de la
« mer océane, capitaine Gheraert Meckere,

« moy vostre poivre et léal amy et servi-
« teur, me recommande très humblement
« en vtre bonne et benigne grace, vous sup-
« pliant et benygnement de moy voulloir
« pardonner, que sy audacieusement, vostre
« personne suys molestant, suplie humble-
« ment à votre dygnité qu'il vous playroit
« employer en ceste œuvre miséricorde,
« comme chy apres ensuyvant porrez plus
« amplement entendre; c'est qu'il vous
« playroit par exhortations et parolles doul-
« ces, reduire mon nepveu, vostre filleul,
« Gheraert Pauwels, au droict chemin et à
« la droicte voie, lequel est party de la ville
« de Bergues accompagniet de trois aultres
« compagnons, sans congié de père et de
« mère, poivrement fourny dargent et de
« habillements, pour soy soubmaistre, soubs
« vous ou vostre fils obédience, en forme de
« compagnon de gairre et gensdarme, pour

« aller et soy retirer en les Espaignes avec-
« ques Sa Magiesté impérialle.

« Mais comme nous avons entendu que le
« voiage est différé jusques après la chan-
« deleur, craindant que entre tems porroit
« estre trouvé vagebond, ou courant par le
« pays à cause quil ne auderoit (oserait) re-
« tourner au logis, nous, le père et la mére
« et moi pareillement, vous prions, humble-
« ment, que se vous scavez entendre aulcu-
« nement, ou qu'il porroit est arrivé de t'en
« (tant) faire, qu'il porroit estre délivré jus-
« ques au logis de son père ; car sa paix est
« faicte, et ont promis de le mettre au ser-
« vice de quelque Espaignol, marchand ou
« aultre, avecque lequel luy playra.

« En che faisant, vous nous ferrez tous
« grand bien et playsir.

« Vous recommande à Dieu.

« Escript en hate che xxve de novembre 1555.

« Par le tout vtre serviteur et amy

« Sire Jehan TROYS, religieux de St-Vinoc. »

Le temps que Charles-Quint passa encore dans les Pays-Bas, il l'employa à donner la paix à ses vastes états. C'est un évènement qu'il désirait avec ardeur, dit Robertson non seulement pour son fils, mais encore pour avoir la gloire, en quittant le monde, de rendre à l'Europe cette tranquillité dont il l'avait privée presque dès le commencement de son règne. Des conférences se tinrent à ce sujet dans l'abbaye de Vaucelles, près de Cambrai, et on y conclut une trève de cinq ans entre la France et l'Espagne, le cinquième jour de février de l'année 1556.

Les peuples reçurent avec transport la nouvelle de cette trève. On espérait que, pendant l'espace de cinq ans, des négociations habilement dirigées pourraient amener une paix durable. Mais ce fut en vain.

Voyant qu'il ne pouvait plus résister à toutes les intrigues qui s'agitaient autour de lui, l'empereur se débarrassa enfin des liens qui l'attachaient encore à ce monde et fit tout disposer pour se rendre au lieu de sa retraite, à cette demeure de paix après laquelle il soupirait.

La gouvernante des Pays-Bas vint inspecter elle-même la flotte qui devait accompagner son souverain. Van Meckeren fut prévenu de sa visite par ce billet : « Monsieur le capitaine, la royne est résolue de « faire ung tour jusques à Armuyde pour « voir les navires, présumant qu'elle ira « veoir la vostre et celle de Hanstede. Par« quoy ferez bien de les faire nettoyer et « tenir en ordre. Elle partyra dicy à « IX heures.

« A tant, le bonjour.

« De Flessingues ce trois daoust 1556.

Votre bien bon amy

« NICOLAS MICAUT. »

Nicolas Micaut était seigneur de Indevelde, conseiller au conseil-privé de Sa Majesté catholique et chevalier de la Toison-d'Or.

Le dix septembre, les personnes attachées à la cour commencèrent à s'embarquer, pourvu qu'elles fussent munies d'un *laissez-passer* délivré par le même Micaut, conformément aux ordres de la reine. Parmi celles qui furent admises dans les navires se trouvaient Loyse de Gousemaer, Maurice Baude, laquais; Estienne, huissier de la chambre de la reine; le maréchal Perolasso; le gouverneur des pages, le chirurgien de la reine, le sieur de Marnoz, pâtissier de la reine; monsieur de Vorde, le jeune; monsieur de Cilly, gentilhomme; monsieur le trésorier Vande Bourgamt; Anthoine, le couturier de la reine.

Les bagages de la reine-gouvernante furent embarqués le quatorze septembre.

Tout étant ainsi disposé pour son départ, Charles-Quint arriva à Zébourg, en Zélande, où le rendez-vous de la flotte avait été indiqué. Il y arriva accompagné de Philippe son fils, de l'archiduchesse, de ses sœurs les reines douairières de France et de Hongrie, de Maximilien son gendre, et d'une suite nombreuse de gentilshommes flamands. Avant de s'embarquer, il prit congé de tout son cortège, en donnant à chacun des témoignages de son estime et de son affection. Il embrassa Philippe avec toute la tendresse d'un père qui voit son fils pour la dernière fois (1).

Puis il monta avec ses deux sœurs sur l'*Éléphant*, commandé par le vice-amiral Gérard Van Meckeren, et mit à la voile le 17 septembre, sous le convoi d'une flotte considérable, composée de vaisseaux espa-

(1) *Robertson.*

gnols, flamands et anglais, et dont la direction générale fut confiée à Adolphe de Bourgogne.

Le voyage fut heureux. Charles parvint à Laredo dans la Biscaye, le onzième jour après son départ de Zélande.

Van Meckeren regagna la Flandre après avoir reçu du maître de la garde-robe de la reine de Hongrie, cette attestation :

« Je Jehan Schœf, escuyer, maistre de la « garde-robbe de la Royne-douairière de « Hongrie, de Bohême, etc. cognois et con- « fesse avoir receut tous les meubles appar- « tenant à Sa dicte Majesté, lesquels estoient « mises sous la charge de Gheraerdt Van « Meckeren, capitaine de la naviere nom- « mée l'Elyphant, dont en prometz acquic- « ter et enthens décharger vers ladicte Ma- « jesté, ledict capitaine Gheraerdt Van « Meckeren et tous aultres qu'il appar- « tiendra. Tesmoing mon seing manuel.

« Le VIe jour d'octobre XVe cinquante-six.
« J. SCHOEFT. »

VIII.

La trève de Vaucelles ne fut pas de longue durée. Philippe II déclara la guerre à la France et confia le commandement de son armée à Emmanuel Philibert, duc de Savoie. Afin de pouvoir mieux observer les mouvements de ce général, il fixa sa résidence à Cambrai.

L'amiral de Flandre, Maximilien de Bourgogne, l'y suivit ; ce fut de cette ville qu'il écrivit le 15 août 1557, à Van Meckeren, qui était alors à Bergues : « Quant aux nouvelles « d'icy, je vous envoye cy joints deux bil« lets, par lesquels vous porrez veoir ce qui « en est ; j'espère que nos gens auront bien« tost S. Quentin, et marcheront plus avant « en France, de sorte quils yront jusques à « Paris. A tant, très cher et bon amy, je

« prie le Créateur de vous avoir en sa sainte
« garde.

« De Cambray, le XIIIIe daoust 1557. »

St Quentin fut pris d'assaut le vingt-sept.

Maximilien de Bourgogne avait ajouté à sa lettre en post-scriptum :

« Je désire bien savoir si ceulx de Flan-
« dres esquiperont navires pour le convoy. »

On arma en effet des navires pour la sûreté de la pêche et des ports de Dunkerque. Ostende et Nieuport. Pour aider à cet armement le roi d'Espagne donna cinq mille florins.

Tout au commencement de l'année 1558, le duc de Guise vint enlever Calais à l'Angleterre, et répara ainsi la défaite éprouvée par la France dans le Vermandois.

Il y avait à craindre que les vainqueurs ne pénétrassent dans la Flandre.

Aussi tout le littoral flamand était il dans l'anxiété.

L'amiral qui se tenait à la Veere, c'est-à-dire éloigné de la scène où se jouaient de si grandes destinées, Maximilien de Bourgogne était sans nouvelles. Pour en avoir, il envoya un messager spécial porteur de dépêches à Van Meckeren qui était à Bergues, à peu de distance du théâtre de la guerre.

« Très chier et bon amy, lui dit-il, j'envoye « le porteur de cestes expresses devers « vous, afin que me veuillez advertir de vos « nouvelles, des occurences de pardeçà, « vous requérant quant surviendra d'aultres « ne vouloir espargner messagiers pour faire « les advertences. Et à tant, soyez à Dieu.

« De la Veere, le XXIIe de janvier 1558.

« MAX. BOURG^{NE}. »

L'envoyé trouva Van Meckeren souffrant ; le vieux marin venait de perdre son fils. Il n'avait reculé devant aucun danger ; il avait supporté toutes les fatigues, bravé cent fois la mort, mais son fils unique, Cornil, sur qui il avait compté pour faire respecter, quand il ne serait plus, son pavillon sur la mer, son fils est mort !...

Le père ne survivra pas longtemps à cette séparation.

Néanmoins, Van] Meckeren répondit à Maximilien et fit accompagner sa lettre d'un présent, souvenir d'une longue amitié, et qui fut le dernier.

Le 6 février, il reçut une nouvelle dépêche de l'amiral :

« Cher Meckere, jay recue vos lettres en
« daté du 1 de ce mois, ensemble un fro-
« maige dont vous remercy bien.

« Je suis marry de votre indisposition, et
« si ne povez venir, manderez quelqu'un
« car je suis d'intention me partir mardi ou
« mercredi pour Hollande.

« Je suis aussy esté mary davoir entendu
« la mort de vtre fils. Ce vous doit estre une

« consolation qu'avez un beau-fils homme
« vertueux et honeste.

« Nouvelles pardeçà aucunes, sinon que
« porrez accorder à Sa Majesté quelque
« bonne ayde, en armant XX ou XXIII na-
« vierres. Dieu donne la chose bien venir,
« auquel vous recommande.

« De la Veere, ce VIe de febvrier 58. »

Ce doit être une consolation pour vous d'avoir un beau-fils, homme vertueux et honnête. C'est par ces mots que Maximilien veut faire oublier à son ami l'irréparable perte qu'il vient de faire. Nobles et simples paroles, tout à la fois l'éloge du défunt et du vivant !

Quatre mois après, celui que nous venons de voir donner des consolations à son fidèle lieutenant, descendit lui-même dans la tombe.

IX.

Souffrant depuis la mort de son fils, Gérard Van Meckeren ne recouvra plus la santé ; il mourut en 1562.

Contemporain de Charles-Quint, Van Meckeren vint au monde et le quitta à peu près en même temps que lui. Il traversa donc la période la plus remarquable du XVIe siècle et prit part à ces évènements gigantesques qui ébranlèrent l'univers ; car, ce fut pendant le règne de Charles-Quint, dit Robertson, que les puissances de l'Europe conçurent un vaste système politique, où chacune prit un rang qu'elle a conservé depuis avec beaucoup plus de stabilité qu'on n'aurait pu le prévoir, en considérant les secousses violentes occasionnées par tant de révolutions intérieures et tant de guerres étrangères.

Gérard Van Meckeren est mort avec la

résignation du chrétien, après avoir fait plusieurs legs aux églises, aux pauvres et aux hôpitaux de Bergues. Il semble avoir été heureux au sein de sa famille. Il avait épousé la fille de feu Olivier Servaes et eut de son mariage un fils et quatre filles. Une d'elles prit le voile, les trois autres se marièrent. Sanderus rapporte dans sa *Flandria illustrata* que Baudouin de Bon, chancelier de Gueldre et Clays de Zegerscappel, homme d'une grande distinction, jurisconsulte éminent et *poortmeestre* de Bergues en 1568, furent les gendres de Van Meckeren. Sa fille Jeanne épousa d'abord un gentil, homme, nommé Barbesaen Vermeuwent ensuite le noble Eloi de Masin, qui portait *d'argent à trois têtes de bélier*, échevin du Franc de Bruges, seigneur de Tourelle et de Boesinghe.

Lorsque le vice-amiral se tenait à Bergues, il habitait une petite maison de la paroisse de Saint-Martin, et dont l'ameublement se composait, dans la salle à manger, d'un buffet couvert d'un tapis noir, d'un coffre en bois, de quatre fauteuils garnis de drap noir, de trois escabeaux, de deux coussins couverts de serge bleue, d'une table à tablette d'albâtre, de rideaux de serge verte; dans la chambre à coucher, d'une alcove avec des rideaux de serge verte, d'un lit de camp avec une couverture d'Espagne, d'un fauteuil tressé de paille, d'un crucifix.

L'argenterie consistait en un plat, trois coupes, un cruchon, six cuillers, un bassin avec son platéau et un scel d'argent.

C'étaient ces choses qui ornaient l'humble demeure d'un des premiers dignitaires de la marine flamande. Ajoutez-y un anneau et une bague en or, et vous aurez le dénombrement des joyaux de celle qui fut sa compagne.

Quelle distance de cette simplicité des

mœurs d'autrefois au luxe étalé de nos jours !

Aujourd'hui, le plus modeste des boutiquiers a une maison mieux meublée, plus richement décorée que ne l'était, au XVIe siècle, celle d'un gentilhomme vice-amiral de Flandre !

L'évêque Remi Drieux de Bruges

Auprès de la tombe du duc de Bourgogne, dans l'église cathédrale de St-Donat, à Bruges en Belgique, on voyait une autre tombe sur laquelle on lisait cette inscription :

Sepultura
Reverendissimi D. Remigii Driutii Casletani
Bruggarum secundi Episcopi, Cancellarii Flandriæ perpetui
Regis catholici in supremo consilio Mechliniæ
XII annos Consiliarii
Cum munia Episcopatus, XXIV annos, menses VI
Exercuisset
Et annos ætatis suæ LXXV
Excessisset,
Caducam hanc vitam cum aliâ feliciore commutavit
XII maii anno Domini 1594.
Orate pro animæ illius refrigerio.

Celui dont ce monument renfermait les restes mortels avait été le second évêque du diocèse de Bruges; il s'appelait Remi Drieux. Guillaume Gazet, dans son histoire ecclésiastique des Pays-Bas, le croyait natif de Cassel, sans doute parce que son épitaphe portait *Casseltani*. Mais ici ce mot latin signifie « issu de la châtellenie de Cassel, » c'est-à-dire que Remi Drieux était né sur un territoire compris dans la circonscription administrative de la cour féodale de Cassel. Or, nous savons aujourd'hui que l'illustre évêque est originaire du village français de Volkerinchove, situé au bas de la petite colline de Merkeghem, aux extrémités occidentales du département du Nord, dans l'arrondissement de Dunkerque, non loin de l'ancienne abbaye de Ravensberg.

Remi Drieux, né en 1519, était l'arrière-petit fils de Jacques Drieux, chevalier de Jérusalem, décédé le six octobre 1436, et le neveu de Michel Drieux, fondateur du collège de son nom à Louvain. Leurs armoiries étaient d'or au lion de sable et à la fasce brochante d'azur, chargée de trois étoiles à six raies d'or.

Michel Drieux qui passait pour un des hommes les plus savants de son temps et occupait la chaire de professeur des décrets à l'Université de Louvain, appela près de lui, son neveu, le jeune Remi. Celui-ci s'appliqua à la science du droit avec tant de succès et y fit des progrès si rapides, qu'il fut nommé, à vingt-cinq ans, professeur de droit civil, et en 1557, conseiller ecclésiastique au grand conseil de Malines et chancelier perpétuel de Flandre. L'année suivante, le roi d'Espagne, Philippe II, lui confia la charge de prévôt de Notre-Dame de Bruges, et en 1560, l'éleva à la dignité d'évêque de Lewaerde en Frise. Mais la révolution, qui agitait alors les Pays-Bas, l'empêcha de recevoir la consécration de l'Eglise ; néanmoins il prit part aux discussions du concile provincial d'Utrecht. C'est seulement le 13 novembre 1569, qu'étant transféré à Bruges, il fut consacré comme évêque de cet important diocèse.

Les troubles religieux et politiques, qu continuaient de sévir dans les provinces néerlandaises, imposèrent au nouvel évêque les plus pénibles devoirs. En 1577, le magistrat de Bruges le chargea d'une mission à Gand, et pendant qu'il y délibérait sur les affaires du pays, François de la Béthulle le fit arrêter avec Martin Rithove, évêque d'Ypres ; Frédéric Perrenot, frère du cardinal de Granvelle, seigneur de Champagni en Franche-Comté ; Maximilien Vilain, seigneur de Rassenghien, gouverneur de la Flandre française ; François Schouteete, seigneur d'Erpe, grand-bailli de Courtray ; Cornil de Scheppere, seigneur d'Eecke ; François Halewyn, seigneur de Sweveghem, gouverneur et grand-bailli d'Audenaerde, et encore plusieurs autres seigneurs. Béthulle les fit tous conduire et enfermer au *Princen-Hof*, ancien palais ducal devenu prison d'Etat. Les magistrats d'Ypres écrivirent à leurs collègues de Gand pour les prier de mettre les prisonniers en liberté. Les magistrats gantois se rendirent aussitôt auprès de ceux qui avaient opéré l'arrestation de l'évêque de Bruges et de ses compagnons d'infortune. Ils eurent le regret de n'en obtenir qu'un refus.

Dès ce moment, les prisonniers étudièrent les moyens de s'évader. « Ils réussirent d'abord, dit Kervyn de Volkaersbeke, à mettre dans leurs intérêts ceux qui étaient chargés de les garder, et ensuite à faire connaître leur projet aux amis qu'ils avaient au dehors. Toutes leurs mesures étant prises, ils mirent leur plan à exécution pendant la nuit du 15 au 16 juin de l'année 1579. Arrivés au bord des fossés du rempart, ils trouvèren une barque qui les conduisit à un endroit où ils croyaient aussi trouver des chevaux pour les mener avec toute la vitesse possible hors d'atteinte de leurs ennemis ; mais malheureusement celui qui s'était chargé de les leur procurer ne se trouva pas à son poste, et ils durent continuer leur triste voyage à pied. Plusieurs d'entre eux étaient vieux et infirmes et ne pouvaient soutenir les fatigues de la marche. Leur attitude triste et découragée donna des soupçons à un boucher qu'ils rencontrèrent à une petite distance de la ville ; celui-ci alla immédiatement avertir le magistrat de ce qu'il avait vu, et aussitôt l'ordre fut donné de poursuivre les fugitifs, que l'on n'eut pas beaucoup de peine à rejoindre et à ramener en prison avant la fin du jour. Cependant, François Schouteete et Maximilien Vilain parvinrent à s'échapper; ce dernier arriva sans encombre à Lille.

« Tous les autres, parmi lesquels se trouvait le seigneur de Champagni, furent gardés à vue et traités plus rigoureusement qu'auparavant. Les lettres que ces prisonniers écrivirent durant leur captivité, respirent la tristesse et ne contiennent qne des plaintes amères contre leurs sévères geôliers (1). »

L'évêque de Bruges ne recouvra la liberté que vers 1584, mais il ne put encore reprendre possession de son siège épiscopal. Il dut se retirer d'abord à Tournay ; ensuite, il résida quelque temps, tantôt à Courtray, tantôt à Audenaerde. Enfin, lorsque la tourmente révolutionnaire commença à se calmer, il put rentrer à Bruges ; il continua de gouverner son diocèse avec sagesse et modération.

Remi Drieux mourut âgé de soixante-

(1) *Documents historiques concernant les troubles des Pays-Bas*, in-8°, Gand, 1847, t. I, p. 18.

quinze ans, après vingt-quatre ans et six mois d'épiscopat. Il fut un grand bienfaiteur du collège de Louvain fondé par son oncle, et, comme ce dernier, il lui légua des biens afin de faciliter les études des membres de sa famille qui désiraient suivre les cours de l'université de Louvain ou de celle de Douai.

La collation des bourses appartenait primitivement au curé de Volkerinchove ; cet ecclésiastique devait les donner de préférence à ceux de la parenté du fondateur. Depuis la séparation de la Belgique et de la France, ces bourses sont à la disposition d'une commission désignée par le roi des Belges et dont le siège est à Louvain (1).

---

(1) Mes petits enfants qui descendent, par leur mère, de Marguerite Drieux, la sœur du célèbre évêque de Bruges, auraient droit à la jouissance d'une de ces bourses. (Voir l'*Abrégé généalogique de la parenté de messire Michel Drieux, par le baron de Croeser de Berges*, in-8. Bruges, 1785.)

JEAN SARRAZIN

ambassadeur auprès du roi d'Espagne

I.

Il y avait, au commencement du XVIe siècle, sur le grand marché d'Arras, à quelques pas de l'église de Ste-Croix, une hôtellerie qui portait pour enseigne : *Au chaudron*, et que hantaient de nombreux voyageurs. Elle était tenue par Antoine Sarrazin, et ce fut là que sa femme Marie de Poix donna le jour à deux enfants, dont l'un, Christian, sera chaussetier à Lille, puis seigneur de Lambersart et de Villers ; l'autre, l'aîné, immortalisera le nom de Jean Sarrazin, d'abord comme abbé de St-Vast, ensuite comme représentant des provinces wallonnes auprès du roi d'Espagne, Philippe II, et enfin comme archevêque de Cambray.

Né le 29 juillet 1539, Jean Sarrazin fut confié de bonne heure aux soins d'un pieux ecclésiastique, qui lui apprit les éléments de la langue. Ensuite, Robert Obry curé de la Madeleine d'Arras, se l'attacha en qualité d'enfant de chœur et lui enseigna les humanités. Parvenu à l'âge de dix-sept ans, initié au chant grégorien et à la liturgie religieuse, versé dans les lettres anciennes, Jean fut présenté par son précepteur à Jérôme Ruffald, abbé de St-Vaast. Admis dans ce monastère de l'ordre de St-Benoît, il se fit distinguer par son amour de l'étude et son zèle à accomplir tous les devoirs du noviciat. Voulant favoriser de si heureuses dispositions, l'abbé envoya son jeune disciple aux universités de Paris et de Louvain. De retour à Arras, Sarrazin prononça ses vœux, reçut les ordres mineurs et le sous diaconat des mains de l'évêque Richardot. Peu après, il s'en retourna à Louvain étudier la philosophie et la théologie, et y reçut en 1561 la prêtrise des mains de Grégoire Sylvius, suffragant Gérard de Groesbeck, évêque de Liège.

Sarrazin s'était déjà acquis une brillante réputation d'orateur latin, lorsqu'il fut promu, en 1566, aux grades de bachelier et de licencié en théologie, sous les auspices du docteur Hessels, qui avait assisté quelques années auparavant au fameux concile de Trente. Ces titres, qui s'accordaient avec une grande solennité, attirèrent de plus en plus l'attention publique sur le nouveau gradué. L'abbé de Vlierbeck, près de Louvain, le désigna pour son successeur ; mais l'abbé de St-Vaast, Roger de Montmorency, le rappela et le nomma successivement son chapelain et prévost de son abbaye. Sarrazin ne fut pas longtemps revêtu de ces dernières fonctions, car d'après le décret du concile de Trente, tous les monastères qui n'étaient pas soumis à la juridiction de l'ordinaire et ne relevaient que du St-Siège, devaient se réunir en congrégations.

Les Pères de St-Vaast d'Arras, de St-Pierre de Gand, de St-Bertin de St-Omer, de St-Pierre de Lobbes, auxquels se joignirent des abbés de Citeaux, s'assemblèrent dans l'abbaye de St-Vaast. Au cours des débats qui surgirent, Jean Sarrazin déploya une si profonde science et tant d'intelligence des institutions monastiques, que l'assemblée l'éleva à la dignité de grand prieur de son monastère. Ce fut un acheminement à de plus grands honneurs; en 1570, il devint le vicaire général et, en 1572, le coadjuteur de Roger de Montmorency. Quand ce prélat fut descendu dans la tombe, ce fut encore lui que l'on choisit pour prononcer son oraison funèbre. La manière dont il s'acquitta de cette tâche le classa parmi les bons orateurs du temps, et confirma la réputation qu'il s'était acquise en traitant les affaires politiques.

aux Etats d'Artois, où il avait remplacé parfois l'abbé de St-Vaast.

Le 14 décembre 1577, les Etats-Généraux des Pays-Bas investirent Sarrazin de la direction suprême de la célèbre abbaye d'Arras, et le roi d'Espagne le maintint dans cette charge le 13 février 1578.

Avec la prélature commencèrent, pour l'humble enfant du *Chaudron*, de rudes épreuves. On vit alors l'Artois et la Flandre déchirés par les dissensions intestines, l'insurrection se promener échevelée dans les rues d'Arras, incendiant les édifices publics, pillant les maisons, égorgeant leurs habitants.

La lutte était engagée entre le protestantisme et le catholicisme, entre le prince d'Orange et le roi d'Espagne. La défaite de l'armée des Etats-Généraux à la bataille de Gembloux avait ébranlé le pays et donné occasion au peuple d'Artois d'épouser la cause du prince d'Orange, avec d'autant plus d'empressement que celui-ci avait juré solennellement d'observer la pacification de Gand, c'est-à-dire de permettre l'exercice de la religion catholique, apostolique et romaine.

Les États d'Artois, voyant que le pays ne pouvait plus fournir aux dépenses de la guerre, firent supplier le prince d'Orange de faire la paix avec l'Espagne à des conditions honorables. Mais Guillaume rejeta ces propositions avec dédain et députa, au contraire, à Arras un de ses conseillers intimes, St-Aldegonde, avec mandat d'inviter les États d'Artois à s'imposer extraordinairement pour aider à la continuation de la guerre.

Les habitants d'Arras se soulevèrent et pendant six mois la ville fut livrée à l'anarchie la plus complète. Dom Sarrazin fut expulsé de son monastère, accablé d'injures et jeté en prison. Les factieux le gardèrent de si près qu'ils ne permirent même pas à ses amis de le voir, et si par hazard quelqu'un entrait dans son cachot, ils écoutaient ce qu'il disait. Les sentinelles se relevaient de deux heures en deux heures. Pour colorer leur procédé, les chefs des mutins répandaient le bruit qu'ils agissaient ainsi afin de soustraire le prisonnier aux fureurs de la populace.

Le prince d'Orange fut bientôt informé de ce qui s'était passé à Arras. Lorsqu'il lut les noms de ceux qui avaient été arrêtés et qu'il fut à celui de dom Sarrazin, il s'écria : « Ce n'était pas celui-là qu'il nous fallait ; puisque l'autre nous manque (il désignait ainsi l'évêque d'Arras), tous ceux qui sont prisonniers nous deviennent inutiles, » et il donna l'ordre de leur rendre la liberté. Après quinze jours de détention, on les élargit en les obligeant à donner caution et à promettre qu'ils ne quitteraient point la ville sans la permission des magistrats et des patriotes.

II.

Les maux qui agitaient la cité d'Arras étaient communs à l'Artois, et à toutes les provinces néerlandaises. Tout le monde cherchait à sortir d'une situation aussi douloureuse ; personne n'était d'accord sur les moyens. Le prince d'Orange, s'appuyant sur les Etats-Généraux des Pays-Bas réunis à Anvers, négociait pour attirer à lui les provinces wallonnes ; celles-ci, au contraire, par l'organe des Etats d'Artois, voulaient amener les Etats-Généraux à faire la paix avec l'Espagne. De son côté, le roi d'Espagne s'efforçait de détourner les Etats d'Artois du prince d'Orange.

Le résultat de ces négociations fut que les provinces septentrionales des Pays-Bas se confédérèrent entre elles à Utrecht, le 23 janvier 1579, et que celles du midi formèrent, le 1er mai suivant, une confédération particulière connue sous le nom de *Pacification d'Arras.*

Cette scission des Pays-Bas eut des suites désastreuses et fut fatale à la paix européenne.

Quoiqu'il en soit, les Wallons demandèrent la ratification de leur nouvelle alliance au représentant de l'Espagne, le prince de Parme, qui était pour lors occupé au siège de Maestricht. Ils lui envoyèrent à cet effet des commissaires spéciaux, à la tête desquels se trouvait l'abbé de Saint-Vaast, Jean Sarrazin. Alexandre Farnèze les reçut au camp avec les plus grands honneurs, et le prélat lui fit un long discours, où il expliqua le sujet de sa mission.

Les négociations durèrent un mois et demi, et le prince de Parme accepta de jurer sur les saints Évangiles qu'il respectera et fera respecter la pacification d'Arras. Les députés jurèrent à leur tour le même respect, et promirent de faire ratifier leur serment par les États d'Artois, de Hainaut, de Lille, Douai et Orchies.

Le traité d'Arras fut publié à Mons, le 13 septembre 1579; il le fut à Douai, le 20 du même mois, du haut d'un échafaud dressé sur le marché et paré de tapisseries, au son des trompettes et des hautbois, en présence du bailli, des échevins, des collèges, du clergé, des gentilshommes et du lieutenant du gouverneur de la province d'Artois.

Cependant, les troubles des Pays-Bas ne cessaient pas et la guerre durait toujours. Les Wallons, depuis le départ des troupes espagnoles, n'étaient pas de force à tenir campagne plus longtemps.

III.

Les circonstances étaient donc pressantes. Tout le monde reconnaissait que le mal faisait de rapides progrès et qu'il fallait y porter un prompt remède. — Mais ce remède, quel devait-il être? Voilà ce qui divisait les esprits. Celui qui semblait le plus facile n'était pas le plus efficace, et celui que l'on jugeait le plus efficace était précisément celui dont on n'osait pas se servir; c'était le rappel des troupes espagnoles. Quelques mois auparavant, les Etats d'Artois en avaient requis l'expulsion de leur province par l'article cinq de la pacification d'Arras. Comment revenir sur une semblable détermination? Comment faire agréer ce remède de ceux qui avaient dans le cœur une haine mortelle contre l'Espagne, et dont la fortune avait grandi depuis la retraite des légions de

Philippe? Le cas était embarrassant. Cependant on tenta de le soumettre à l'appréciation des Etats, et la Providence voulut qu'il fût favorablement accueilli.

Les Etats d'Artois décidèrent donc le 29 janvier 1582, ceux de Hainaut le 6 février, et ceux de Lille, Douai et Orchies le 13 du même mois de février, que Sa Majesté catholique serait suppliée de délivrer les provinces wallonnes d'une guerre qui les accablait et les ruinait, et d'employer à cette fin les armes de telle nation qu'il lui plairait choisir, italienne, espagnole ou toute autre. Dans la pensée que cette supplique obtiendrait plus de succès si elle était présentée de vive voix, on résolut encore d'envoyer au roi quelque éminent personnage, prélat ou seigneur d'un grand nom, et de prier le prince de Parme de désigner à cet effet la personne qu'il trouverait être la plus agréable à son souverain.

Farnèze confia cette importante mission à dom Jean Sarrazin et lui expédia aussitôt des lettres qui l'accréditaient auprès de la cour d'Espagne ; il l'invita en même temps à partir le plus tôt possible.

Dom Sarrazin quitta Arras le 22 février 1582. Au nombre des personnes qui l'accompagnèrent était Philippe de Caverel, religieux du prieuré de la Beuvrière, lequel nous a laissé la relation du voyage et de l'ambassade de l'abbé de St-Vaast. Nous avons publié en 1851, dans les *Annales de la Société d'Émulation de la Flandre occidentale*, à Bruges (Belgique) de nombreux fragments de cette œuvre, où l'on trouve d'intéressants détails sur les hommes et les choses du temps, comme le portrait du cardinal de Grandvelle et la description d'un repas chez cet homme d'État, qui avait été évêque d'Arras avant d'être attaché à la cour d'Espagne.

IV.

Après une absence d'environ six mois, Jean Sarrazin revit sa patrie et sa chère maison de Saint-Vaast.

Philippe II avait été si satisfait de la manière dont le prélat artésien avait rempli son mandat, qu'il le nomma membre de son Conseil d'État et conseiller d'Église au conseil provincial d'Artois, avec droit de tenir le premier rang et de précéder les chevaliers. Mais cette dernière assemblée souleva une objection; elle contesta au prélat le droit de voter sur les propositions émanées du pouvoir royal, parce qu'il était lié, pour ainsi dire, envers le roi par le serment qu'il lui avait prêté en entrant au Conseil d'État. Ce qui témoigne de l'esprit d'indépendance et de liberté qui régnait dans les anciennes assemblées délibérantes des provinces.

En 1585, dom Sarrazin fut nommé député à la Cour. Il était assez d'usage de déférer ces fonctions aux députés ordinaires. Cette double députation ne nuisait pas à l'administration des affaires, parce que les députations à la Cour n'étaient que momentanées.

V.

Les Pays-Bas jouissaient d'un calme relatif et Sarrazin gouvernait paisiblement son abbaye, lorsque, le 6 mars 1596, le chapitre des chanoines de Cambrai jeta les yeux sur lui et l'appela au siège archiépiscopal de cette ville, vacant depuis le décès de Louis de Berlaymont. Il fut sacré, le quinze décembre suivant, à Bruxelles, dans la chapelle du roi, par le nonce apostoliquc Octovis, évêque de Trinacrio, au royaume de Naples, en présence du cardinal-archiduc

Albert d'Autriche et d'autres princes et seigneurs de la Cour. Mathias Hovius, archevêque de Malines et les évêques de St-Omer et de Bois-le-Duc assistèrent le prélat consécrateur. Le célèbre Juste Lipse adressa à Sarrazin une lettre de félicitation sur son élévation à l'archevêché de Cambrai :

« Je dois vous féliciter, lui manda-t-il le « 12 octobre 1596, et vous exprimer toute « ma joie par écrit, puisqu'il ne m'est pas « donné de le faire de vive voix. Je vous fé- « licite et me réjouis du fond de mon cœur, « de l'insigne honneur que vous venez d'ob- « tenir du choix de Sa Majesté, confirmé « par l'autorité du St-Siège. Nous vous « avons donc pour archevêque de Cambrai ; « je prie Dieu qu'il vous conserve longtemps « pour le bonheur de l'Église et la gloire des « lettres. Vous quittez un théâtre où vous « avez déjà pu faire éclater vos vertus et « votre prudence. Maintenant vous en aurez

« un plus vaste où vous attirerez les yeu
« de la Belgique, voisine de la France
« j'allais presque dire les yeux de l'Europ
« entière. Que demanderais-je davantage
« Que vous souteniez jusqu'au bout un s
« grand rôle pour Dieu, pour votre nom
« pour le bonheur de tous. Je sais qu'il n
« vous manque ni le courage, ni la volonté
« je fais des vœux seulement pour que l
« souffle de l'esprit divin vous inspire e
« conduise votre navire à travers les flots
« au port du salut commun et du vôtre er
« particulier (1). »

Le nouvel archevêque fit son entrée dans sa métropole avec simplicité et sans faste parce que, durant la guerre, les privilèges de Cambrai avaient été suspendus et que le

---

(1) *Epist. XXIII. Cent. 1. ad Belgas.* — Joann Sarraceno ex abbate vedastino archiepiscopo cameracensi.

cabinet de Madrid n'avait pas encore statué sur cet important sujet. Mais à peine eut-il pris possession de son siège, que le roi d'Espagne lui offrit de le rétablir dans l'ancien droit de l'archevêque sur Cambrai, et d'obliger les habitants à lui prêter serment de fidélité, mais sous la condition que lui, archevêque, et son église seraient tenus de prêter serment de fidélité au roi et de le reconnaître comme souverain.

Ces propositions, et plusieurs autres relatives à l'administration de la ville, au privilége de battre monnaie et à la tenue des États, furent rejetées par l'archevêque avec beaucoup de dignité, parce qu'il ne pouvait reconnaître au roi d'Espagne le droit de conférer des pouvoirs qu'il avait confisqués et qui étaient inhérents au siège même de la métropole. Aussi l'archevêque protesta-t-il contre l'ouverture des États qui devaient s'assembler à Cambrai le 11 décembre 1597, sur la convocation de l'archiduc Albert agissant au nom du roi. Cet acte de vigueur en imposa à tous les membres des États. Ils s'abstinrent.

Jean Sarrazin n'eut pas la consolation d'assister à la conclusion de la paix de Vervins, à laquelle il travaillait avec une grande activité. Sa santé s'était altérée dans les différentes circonstances pénibles où il s'était trouvé. Une maladie lente le travaillait. N'écoutant que son zèle, il se rendit à Mons à l'entrée du carême de 1598, et de là à Bruxelles pour présenter ses devoirs aux archiducs. La mort l'y surprit le troisième jour de mars 1598. Son corps fut inhumé dans l'église abbatiale de St-Vaast d'Arras, et son cœur confié au couvent des Capucins qu'il avait fondé dans cette ville.

La devise de Jean Sarrazin était : *Pietate et patientiâ;* il s'efforça toute sa vie de la mettre en pratique.

Ce prélat était, au rapport de Ferry de Locre, d'un jugement sûr, d'une haute science et d'une belle stature. Ami et protecteur des lettres, il inspira autour de lui le goût de l'étude, et son amitié fut recherchée par toutes les célébrités littéraires de la Belgique. Le cordelier Philippe Bosquier, de Mons, applique à Jean Sarrazin ces paroles de Cicéron : « Sous la toge pacifique, « il vainquit des armées et termina des « guerres. Il éteignit les feux des guerres « civiles et des dissensions domestiques. »

L'ABBÉ BRASSEUR DE BOURBOURG

I.

Un chroniqueur a dit en parlant de Berlioz : « Je ne pense pas qu'il y ait de douleur « comparable à celle d'un homme qui mérite « la gloire et ne rencontre que l'indifférence. » Ces paroles pourraient être appliquées à M. l'abbé Brasseur de Bourbourg. Toute son existence a été consacrée au travail ; il a écrit des ouvrages volumineux et le public ignore presque son nom. Cette indifférence lui causait un profond chagrin. Lorsque je l'ai connu, c'était dans les dernières années de sa vie ; il était déjà souffrant et la maladie l'affaiblissait chaque jour; il est mort avant d'avoir atteint l'âge de la vieillesse.

Charles-Etienne Brasseur est né à Bourbourg, le 8 septembre 1814, de parents peu fortunés. Des biographes disent qu'il descendait par sa mère des vicomtes de Bourbourg. Mais le titre de vicomte n'était pas, à Bourbourg, héréditaire comme un titre féodal. C'était la désignation d'une fonction administrative, qui a été remplie dans cette ville par beaucoup de personnes de familles différentes.

Le jeune Brasseur, après avoir fréquenté l'école primaire, fit ses études latines à Gand et publia ses premiers essais littéraires dans le *Journal de Dunkerque*. Il y écrivit une notice historique sur Bourbourg et prit part à une polémique électorale, pour combattre une candidature qu'il considérait comme hostile au gouvernement sorti de la révolution de Juillet. Charles Brasseur comptait alors parmi les défenseurs des idées libérales. Il rêvait de grandes destinées pour la France, et il avait l'ambition de concourir à leur réalisation.

II.

En 1839, il fait paraître *la dernière Vestale*

ou le Sérapéon, récit dramatique des derniers efforts du paganisme expirant. Il en dépeint le caractère théâtral, mais en mettant en relief la supériorité du christianisme, qui, plus simple dans ses formes, initiait l'humanité à une doctrine et à une morale plus élevées. Ce livre, inspiré sans doute par les *Martyrs* de Châteaubriant, est tout imprégné de poésie : « Un vent frais enflait les voiles blanches d'un navire qui glissait légèrement sur les ondes ; la brise apportait de la Grèce ses haleines parfumées, tandis qu'un passager chantait en s'accompagnant de la lyre des rhythmes composés en l'honneur d'Appollon. Tout annonçait que l'équipage était plongé dans les ténèbres de l'idolâtrie et que nul des passagers n'avait encore ouvert les yeux aux sublimes croyances du christianisme, car la poupe était couronnée de fleurs tissues à la mode des païens ; des voiles de pourpre aux franges d'or, suspen dues par un cordon de soie à la svelte mâture du navire, descendaient en plis moëlleux sur le pont, formant, avec une élégance recherchée, une tente sous laquelle, entourée de ses femmes et de ses esclaves, une jeune fille, étendue sur des tapis de Lydie, écoutait dans une pose grâcieuse les strophes du chanteur ionien. »

Tel est le début de ce petit roman qui eut du succès et obtint en peu de temps une seconde édition.

III.

Mais le pieux écrivain, le doux et charmant rêveur, fut bientôt désenchanté de ce monde; toutes ses illusions s'étaient évanouies. Se sentant attiré vers un idéal qui pût satisfaire les aspirations de son âme ardente, il entra au séminaire de Cambrai, d'où il passa quelque temps après, dans celui de Versailles. Là, d'après les conseils de l'autorité diocésaine, on lui confia l'éducation d'un jeune homme. Cette circonstance lui permit de satisfaire son goût pour les voyages, qui s'était développé dès son enfance par la lecture de l'histoire d'Egypte, de l'Inde et de la Perse, et par celle des relations de Garcilaso de la Véga, des lettres américaines du comte Corli et de la conquête du Mexique de Solis.

L'abbé Brasseur parcourut ainsi les plus belles régions de l'Europe, l'Italie, la Suisse, le Tyrol, l'Allemagne, la Sicile. A Rome, il compléta ses études en suivant alternativement les cours du collége romain et de la Sapienza, et c'est dans la capitale du monde catholique qu'il reçut les ordres sacrés. Sur l'invitation réitérée d'un des supérieurs du séminaire de Québec, il partit en 1845 pour le Canada afin d'y enseigner l'histoire ecclésiastique aux élèves de ce séminaire. A ses heures de loisir, il étudia les archives de la maison, mais ce ne fut pas sans difficulté, car des précautions jalouses s'efforçaient de les dérober à sa connaissance. C'est alors qu'il publia l'histoire de monseigneur de Laval, premier évêque de Québec.

L'abbé Brasseur se rendit ensuite à Boston, où il acheva de se perfectionner dans la pratique de la langue anglaise. Cette ville n'avait pas perdu le souvenir du cardinal de Cheverus qui en avait été aussi le premier évêque. « Quant à moi, dit M. Brasseur, je me la rappellerai toujours avec plaisir pour l'hospitalité si bienveillante que j'y reçus de monseigneur Fitzpatrick et de son digne prédécesseur, Mgr Fenwick, dont la mémoire est bénie de tous ceux qui le connurent. C'est encore là que je fis connaissance, pour la première fois, avec les Indiens de l'Occident, et que je lus l'histoire de la conquête du Mexique de M. William Prescott. Cette lecture si attachante et si instructive contribua à me persuader que ma vocation scientifique me portait aux choses américaines. »

VI.

De 1851 à 1854, l'abbé Brasseur vint plusieurs fois visiter son pays natal. C'est à cette époque qu'il composa le *Khalife de Bagdad*. Il écrivit ce roman oriental à Looberghe, au manoir de M. Alexandre Muchembled, son parent. Il rappelle cette circonstance de sa vie dans la seconde édition de cet ouvrage, publiée en 1859 : « Sept « années, dit-il, se sont écoulées depuis « l'automne où j'écrivis ce petit ouvrage au « vieux manoir de Muchembled, sept années « d'épreuves, de voyages et d'expériences « de toutes sortes. Dans cet intervalle, le « vénérable parent dont je recevais alors « l'hospitalité, est descendu dans la tombe ; « sa bibliothèque où, pour ainsi dire, chaque « volume me rappelait un souvenir heureux « d'enfance ou de jeunesse, a été dispersée, « et, tandis que j'allais demander à des cli- « mats lointains les secrets de leur passé, le

« vieux castel, dépouillé des grands arbres « où il se dérobait et des avenues où si sou- « vent je m'étais assis avec ma pauvre mère, « est tombé en des mains étrangères. Je ne « verrai plus ses ombrages ; mais en refon- « dant l'*Avant-propos* de ce petit livre, daté « de Muchembled, qu'il me soit permis, au « moins, de donner un dernier regret à ce « qui fut l'héritage de ma famille et de rap- « peler une fois encore le souvenir de cet « homme vénérable, dont le seul défaut fut « d'être trop bon, mais dont les pauvres ne « cesseront de bénir la mémoire. »

L'abbé Brasseur fit paraître encore, chez Lefort à Lille, les romans ou contes moraux suivants :

1° *Les Épreuves de la fortune et de l'adversité*, in-18 ;

2° *Eugénie de Revel ;*

3° *Auguste Fauvel ;*

4° *L'exilé de Tadmor, histoire persane ;*

5° *Jérusalem, tableau de l'histoire des vicissitudes de cette ville ;*

6° *Les Paysans norwégiens ;*

7° *Le martyr de la Croix, épisode du siège d'Antioche ;*

8° *Les pêcheurs de la côte, ou résignation et dévouement ;*

9° *Saint-Pierre de Rome et le Vatican ;*

10° *Selim ou le pacha de Salonique ;*

11° *Wilhem ou le pardon du chrétien, histoire du règne de Philippe II.*

Ces petits volumes se vendirent assez bien et procurèrent à leur auteur quelques ressources pécuniaires ; il en profita pour entreprendre de nouveaux voyages.

V.

L'abbé Brasseur avait consacré à ces publications trois années, pendant lesquelles il avait passé deux hivers à Rome pour travailler dans la bibliothèque du Vatican. A son retour à Paris, il livra successivement au public : l'*Histoire du Canada, de son Eglise et de ses missions, depuis la découverte de l'Amérique jusqu'à nos jours, écrite sur des documents inédits, compulsés dans les archives de l'archevêché et de la ville de Québec*, et l'année suivante, c'est-à-dire en 1853, l'*Histoire du patrimoine de saint Pierre, depuis les temps apostoliques jusqu'à nos jours.*

Enfin au mois de juillet de l'année 1854 l'abbé Brasseur s'embarqua au Hâvre pour Liverpool, d'où il se rendit à Boston et ensuite à New-York. « J'y revis, dit-il, M. Squier qui m'encouragea vivement à mettre mon projet à exécution et à visiter l'Amérique centrale. Dans l'intervalle, j'allai à Washington. J'y trouvai M. Buckingham-Smith, que j'avais connu au Mexique ; il m'introduisit à M. Schoolcraft, célèbre par ses beaux travaux sur les Indiens et sur l'Amérique du Nord, et au colonel Peter Force, savant modeste et consciencieux qui a passé sa vie à collecter des livres sur l'Amérique en général et qui possède aujourd'hui la bibliothèque américaine la plus belle et la plus complète qui existe au monde. Il me l'ouvrit généreusement, et c'est là que je vis les manuscrits inédits de Las Cases, de Duran, etc., dont il avait acquis, à grands frais, les copies faites sur les originaux à la bibliothèque royale de Madrid. Pendant trois semaines que je restai à Washington, je ne cessai de les consulter et d'en faire une foule d'extraits précieux.

« A mon retour à New-York, j'arrêtai définitivement mon passage pour San Juan de Nicaragua, par où je comptai entrer dans l'Amérique centrale. Pour ajouter à mes ressources pécuniaires, je m'étais défait d'une chapelle portative de missionnaire, composée d'objets auxquels je tenais beaucoup, et j'avais vendu à un amateur un vocabulaire en langue maya, une des pièces les plus intéressantes de ma collection. J'espérais que mon voyage me dédommagerait plus tard de ces sacrifices douloureux. »

VI.

C'est de 1857 à 1859, que M. Brasseur communiqua au monde savant le résultat de ses travaux sur l'Amérique. Il fit paraître un grand ouvrage en quatre volumes in-8°, ayant pour titre : « *Histoire des nations civilisées du Mexique et de l'Amérique centrale durant les siècles antérieurs à Christophe Colomb, écrite sur des documents originaux et entièrement inédits, puisés aux anciennes archives des indigènes.* »

Il forma ensuite un vaste projet, celui de publier une collection de documents dans les langues indigènes, pour servir à l'étude de l'histoire et de la philologie de l'Amérique ancienne.

Trois volumes, de format grand in-8°, parurent de 1861 à 1864. Le premier est intitulé *Popol-Vuh*. C'est d'après l'abbé Brasseur, un livre sacré contenant les mythes de l'antiquité américaine, avec les livres héroïques et historiques des Quichés, ouvrage original des indigènes de Guatémala, avec le texte quiché et la traduction française en regard. Notre érudit compatriote l'a enrichi de notes philologiques et d'un commentaire sur la mythologie et les migrations des peuples anciens de l'Amérique.

« Les Quichés croyaient qu'il y avait eu un temps où tout ce qui est dans le ciel et sur la terre fut créé. Tout était en suspens, dit le *Popol-Vuh;* tout était calme et silencieux, et l'immensité des cieux était vide. Il n'y avait pas encore un seul homme, pas un animal, pas d'oiseaux ni de poissons ; le ciel seulement existait. La face de la terre ne se manifestait pas encore ; seule la mer paisible était, et tout l'espace des cieux. Seuls les êtres divins étaient sur l'eau comme une lumière grandissante. Ils parlèrent; ils se consultèrent et méditèrent; et au moment de l'aurore, l'homme se manifesta. Sa chair fut faite de terre glaise, mais il n'y avait pas d'intelligence.

« Or, le créateur et le formateur dirent encore une fois : plus on y travaille, plus il est incapable d'aller et de se multiplier : Qu'il se fasse donc là un être intelligent, dirent-ils. »

Il semble que les Quichés aient eu connaissance de l'épître I de Saint Paul aux Corinthiens, ch. XV, v. 46 : « *Sed non priùs quod spiritale est, sed quod animale, deinde quod spiritale.* » Ce qui est le premier n'est pas le spirituel, mais ce qui est animal; ensuite vient le spirituel. »

S'étant familiarisé avec l'idiome de cette peuplade indienne, l'abbé Brasseur de Bourbourg publia en 1862 la *Grammaire de la langue Quichée*, espagnole et française, mise en parallèle avec ses deux dialectes cakchiquel et tzutuhil, tirée des manuscrits des meilleurs auteurs guatémaliens. Cet ouvrage est accompagné de notes philologiques et d'un vocabulaire comprenant les sources principales du Quiché, comparées aux langues germaniques, et suivi d'un essai sur la poésie, la musique, la danse et l'art dramatique chez les Mexicains et les Guatémaltèques avant la conquête.

En publiant cette grammaire quichée, l'abbé Brasseur a professé une doctrine qui n'a pas été admise par les philologues, à savoir que les langues du Mexique et de l'Amérique centrale avaient puisé les éléments dont elles se composent, aux mêmes sources que celles dites indo-germaniques.

VII

Dans la même année de 1862, parut à

Paris le voyage sur l'ithsme de Thuantepec, dans l'Etat de Chiapas et la République de Guatemala, voyage que l'abbé Brasseur avait fait en 1859 et 1860. Deux ans après avoir produit cette œuvre, il en publia une autre sous le titre de *Relation des choses de Yucatan de Diego de Landa*, texte espagnol et traduction française en regard, comprenant les signes du calendrier et de l'alphabet hiéroglyphiques de la langue maya, accompagné de documents divers, avec une grammaire et un vocabulaire abrégé français-maya, précédés d'un essai sur les sources de l'histoire primitive du Mexique et de l'Amérique centrale d'après les monuments égyptiens, et de l'histoire primitive de l'Egypte d'après les monuments américains.

Dans l'introduction de cet ouvrage, l'abbé Brasseur de Bourbourg revient à l'idée qu'il avait déjà énoncée dans sa grammaire quichée : « Qui sait si le jour ne viendra pas

« aussi où l'on ira chercher toutes les ori-
« gines en Amérique?...

« C'est peut-être l'Amérique qui contri-
« buera davantage à la solution des grands
« problèmes historiques, dont on a vaine-
« ment cherché la clef jusqu'à présent. »

Cette idée s'enracinera de plus en plus dans l'esprit de notre compatriote; elle lui causera toutes ses déceptions.

VIII

La *Relation des choses de Yucatan* fut suivie de la publication des *Monuments anciens du Mexique*. Palenqué et autres ruines de l'ancienne civilisation mexicaine. Collection de vues, bas-reliefs, morceaux d'architecture, coupes, vases, dessinés d'après nature et relevés par le comte de Waldeck, avec texte intitulé : « *Recherches sur les Ruines de Palenqué et sur les origines de la civilisation ancienne du Mexique*. Cet ouvrage a paru sous les auspices du ministre de l'Instruction publique.

Palenqué est situé dans l'Etat de Chiapas à 150 kilomètres de Chiapas, et son nom primitif fut Culhuacan ou Huehuetlapathan. Les ruines de cette ancienne ville, les plus grandioses du Nouveau-Monde, sont les restes des monuments antérieurs aux Aztèques et même aux Toltèques. Elles ont été découvertes en 1787 par Antonio del Rio et Alongo de Calderon. Elles consistent, dit M. Bouillet, en temples, fortifications, pyramides, ponts, aqueducs, maisons, tombeaux, et contiennent nombre de vases, idoles, médailles, instruments de musique, bas-reliefs et statues, dont plusieurs colossales. Elles indiquent une capitale qui pouvait avoir vingt à trente kilomètres de tour, et un peuple de taille haute, svelte, bien proportionnée. On remarque une étonnante ressemblance entre plusieurs des emblèmes religieux de Palenqué et ceux de l'Egypte.

Don Ramon de Ordonnez cherche à prouver que Palenqué non seulement fut l'ouvrage d'un grand peuple dans l'antiquité américaine plusieurs siècles avant l'ère chrétienne, mais encore que la région où sont ses ruines fut l'Ophir ou région de l'or et des bois précieux dont il est fait mention dans l'Ecriture Sainte; que ce fut à la suite des voyages des Phéniciens que la cité palenquéenne vit s'élever ses temples et ses palais, berceau de l'antique civilisation américaine.

IX

Le texte des monuments anciens du Mexique fut imprimé à l'imprimerie impériale aux frais de l'Etat, et M. Brasseur n'en reçut que douze exemplaires en compensation de son travail et des frais des manuscrits inédits copiés par ses ordres à Madrid. Mais il fut nommé membre de la Commission scientifique qui dut suivre l'armée française au Mexique, lorsque la France eut déclaré la guerre au gouvernement de ce pays. Le ministre de l'Instruction publique reçut cette commission au mois de mars 1864, et dit à M. Brasseur qu'il en était le pivot. « Je l'ai remercié de ce témoignage « précieux, » écrit notre savant voyageur, « et je lui en ai toujours gardé beaucoup « de gratitude, bien que je n'en ai pas tiré « de vanité. Je connais ma valeur, sans en « concevoir plus d'orgueil qu'il ne faut, « comme tous les hommes d'une valeur vé« ritable. Mais je puis être reconnaissant « sans perdre le moins du monde l'indé« pendance de mes opinions et de mes juge« ments. C'est avec un sentiment de grati« tude identique que j'apprécie les paroles « flatteuses, prononcées un jour par l'empe« reur Maximilien, en Conseil d'Etat, tenu

« au palais de Mexico, où il demandait, en « parlant de moi à ses ministres mexicains, « s'ils connaissaient personne parmi les « étrangers, qui fût mieux informé des « choses de leur pays. Maximilien m'avait « offert à plusieurs reprises la place d'Inten- « dant-général des Bibliothèques et des « Musées avec celle de ministre de l'Instruc- « tion publique, à une époque où rien ne « faisait prévoir la fin de la guerre aux « Etats-Unis et la catastrophe qui en fut la « cause au Mexique. Mais j'alléguai respec- « tueusement à l'Empereur le désir que « j'avais de garder mon indépendance, et « c'est la crainte de n'être pas toujours assez « sûr de moi-même, pour résister au titre « séduisant de ministre qui me fit hâter « mon départ du Mexique à la fin d'avril « 1865, pour l'Amérique centrale (1). »

(1) *Quatre Lettres sur le Mexique*, pp. XII à XIII.

X

De retour en France avec la croix de commandeur de l'ordre de l'Annonciade, que l'empereur Maximilien lui avait accordée, l'abbé Brasseur de Bourbourg publia en 1868 ses *Quatre Lettres sur le Mexique*, qui étaient, selon lui, l'exposition absolue du système hiéroglyphique mexicain, de la fin de l'âge de pierre, de l'époque glacière temporaire, du commencement de l'âge de bronze, des origines de la civilisation et des religions de l'antiquité.

Ces *Quatres Lettres* dont se compose ce volume sont dédiées aux amis de l'auteur et aux amis de l'Amérique et de la science indépendante et libre. Elles sont écrites dans un style familier. « Les questions « qu'elles traitent, est-il dit dans l'avant- « propos, n'en sont pas moins très sérieuses, « dignes, au plus haut degré, de fixer l'at-

« tention du monde savant. J'engage donc
« vivement les lecteurs qui les auront une
« fois entamées, à ne pas les parcourir sim-
« plement à la légère ou comme en passant,
« mais à s'en occuper entièrement, Au cas
« contraire, il vaudrait mieux, pour eux
« comme pour moi, qu'ils ne les lussent pas
« du tout. Encore, même pour en tirer un
« fruit réel, serait-il bon, en s'y mettant,
« de renoncer à toute idée préconçue, pour
« ou contre l'Amérique, la matière étant
« bien plus nouvelle qu'on ne pourrait se
« l'imaginer; même après avoir lu l'intro-
« duction placée en tête de la *Relation des
« choses de Yucatan de Landa*. Bien des gens
« accoutumés à ne voir les choses qu'à tra-
« vers des lunettes de professeurs, aux tra-
« ditions classiques, ne se gêneront pas pour
« dire que le livre n'est qu'un tissu de pa-
« radoxes. Je répondrai donc d'avance, que
« si, comme l'énonce le dictionnaire, le pa-

« radoxe est une « proposition contraire à « l'opinion commune, » ces gens-là auront « entièrement raison. Bien plus, j'ajouterai « l'exemple fourni par le dictionnaire, et je « dirai que, si le mouvement de la terre « autour du soleil a été regardé longtemps « comme un paradoxe, il en sera de même « de la proposition fondamentale de mes « quatre lettres où j'avance et où je prouve « que la civilisation tout entière, à laquelle « on a toujours donné l'Orient pour berceau, « vient de l'Occident, c'est-à-dire de l'Amé- « rique. »

XI

L'abbé Brasseur de Bourbourg était un des habitués du salon de la marquise de Blocqueville, salon où se rencontraient les plus grands noms de France, dans les Lettres, les Sciences et les Arts. Après avoir mis la dernière main aux *Quatre Lettres* dont nous

venons de parler, il résolut de prendre quelques jours de repos et annonça à la fille du maréchal Davout, son intention de s'éloigner de Paris. « Merci, » lui écrivait-il à la date du 7 mai 1868, « merci de l'aimable souve-
« nir que je reçois au moment du départ. La
« bonne fée m'accompagnera avec sa fille
« dans le petit portefeuille que je tiens d'elle
« depuis un an, et à mon retour, je les pla-
« cerai ensemble dans l'album à côté de la
« bonne Reine, dont la photographie m'a
« été donnée avec quelques autres de sa fa-
« mille par son petit-fils le comte d'Eu.

« Vous savez que je ne suis guère orléa-
« niste ; j'ai des liens du côté légitimiste.
« Mais je ne suis pas exclusif et les d'Or-
« léans me rappellent une ère de liberté,
« hélas ! déjà loin de nous. Je suis pour la
« liberté avant tout, un gouvernement libre
« me verra toujours dévoué, n'importe avec
« quel souverain.

« Veuillez, je vous prie, madame la mar-
« quise, dire à madame la maréchale com-
« bien je suis sensible à l'envoi que vous
« m'avez fait et déposer à ses pieds mes
« hommages les plus respectueux. Son bon
« et doux visage est de ceux qu'on n'oublie
« pas ; il est déjà si bien gravé dans ma
« mémoire, qu'il n'en saurait plus s'exiler.
« Je l'emporte donc comme un gage de bon-
« heur, persuadé que le petit voyage ou plu-
« tôt l'excursion que j'entreprends sous ses
« auspices pour me reposer, ne me laissera
« que des souvenirs heureux. A bientôt.

XII

A son retour à Paris, l'abbé Brasseur édita, vers la fin de 1868, le fameux manuscrit Troano, en deux volumes in-4°, imprimés par ordre de l'Empereur. Il le fit précéder du rapport qu'il avait adressé au ministre de l'Instruction publique.

Le savant éditeur attachait au *Manuscrit Troano* la plus haute importance. « Je n'ai « pas le moindre doute, » écrivait-il en 1869, à M. Léon de Rosny, « qu'on ne découvre « prochainement dans d'autres ouvrages « du même genre que ce document, l'his- « toire la plus ancienne du monde connu. »

C'était une idée fixe chez lui. M. Brasseur croyait avoir découvert dans le Nouveau-Monde l'origine des migrations des peuples et de leurs divers idiomes en Europe. Ce fut là la cause de tous les chagrins qui commençaient à envahir son âme. Il voulut s'y soustraire en allant passer quelques jours en Suisse, chez son ami, le vicomte de la Cressonnière, et à Gand, chez madame de Bruyne, sa sœur. De cette dernière ville il écrivit, en juin 1870, à la marquise de Blocqueville : « Pauvre solitaire errant sans aventures, je « n'ai rien de piquant à vous apprendre. « L'intérêt ne s'attache à mes pas que lors-

« que je cours les mers ou les grandes forêts « de l'autre monde. Ma vie a été trop long- « temps occupée des populations à peau « rouge ou cuivrée de l'Amérique et des « monuments d'une histoire inconnue, pour « qu'une course à travers la France et la « Suisse puisse donner carrière à mon ima- « gination, et, ainsi que vous me le disiez « un soir, les savants perdent la vivacité de « l'esprit, à force d'être enfouis dans la » science...

« Je m'étais mis en chemin vers la Suisse, « pensant imprimer à Lausanne le *fameux* « livre de mes découvertes, et voilà qu'en « arrivant j'ai tout planté là. J'avais les « yeux fatigués plus encore que je n'avais « l'esprit alourdi.....

« J'ai passé quinze jours à la campagne « auprès de Lausanne, jouissant des bois et « de la verdure aux bords du lac de Genève· « J'ai roulé de Fribourg à Berne, a Bâle, à

« Strasbourg et à Mayence. Là je me suis « embarqué sur le Rhin et descendu à Colo- « gne. Je suis depuis huit jours chez ma « sœur à Gand.....

« Riez, madame la marquise, riez de ma « paresse; mais soyez sûre que j'en ai de la « science par-dessus la tête. Je veux rede- « venir ignorant; je ne veux plus m'occuper « que de la nature et de mes bons Indiens « que je pourrais bien aller surprendre d'ici « à peu au milieu de leurs forêts et de leurs « belles montagnes. »

XIII

Le 23 août 1872, l'abbé se retrouve en Suisse, chez M. de la Cressonnière. Du Bois de Vaux, le pittoresque séjour de son ami, il adresse une nouvelle lettre à Mme de Blocqueville :

« Vous êtes bien triste, je le vois par le

« ton de la lettre que j'ai reçue, il y a quel-
« ques jours. Vous êtes seule, vos amis sont
« loin de vous, à la campagne ou au bains
« de mer, et vous êtes condamnée par votre
« inexorable docteur, à vous rendre à vos
« eaux d'Auvergne où vous serez encore
« plus seule qu'à Paris.

« Nous aussi, nous avons des ennuis, des
« moments de vague inquiétude ; je dis nous,
« car tout le monde les sent et leur inten-
« sité est en proportion de la dose d'intelli-
« gence ou de plaisirs intellectuels que Dieu
« nous accorde. C'est que tous, avec cette
« intelligence qui permet à notre esprit de
« traverser les espaces et d'entrevoir l'in-
« fini, nous redoutons le moment qui doit
« nous séparer de ce monde ; ce n'est pas la
« mort qui nous effraie, c'est l'inconnu, c'est
« la crainte de perdre notre individualité,
« en perdant la mémoire du passé dans une
« autre vie. Ah ! s'il en était ainsi, cela ne

« saurait être que pour un temps déterminé
« par les progrès que nous aurions faits
« dans la vie présente; l'oubli ne saurait
« exister que pour ceux qui se sont oubliés,
« qui ont négligé les dons immortels qu'ils
« ont reçus d'en haut.

« Non, je ne crois pas que l'homme qui l'a
« voulu, puisse rien perdre de sa personna-
« lité. La mémoire doit exister au-delà du
« pôle Nord, où nous passons, selon un pen-
« seur américain, pour arriver à la seconde
« vie; elle doit nous accompagner, comme
« un effet de la justice divine, pour peser
« aux uns comme un enfer ou un purgatoire,
« et je ne pense pas qu'il puisse y en avoir
« d'autre; aux autres, comme une première
« récompense du bien qu'ils ont fait et de la
« culture donnée à leur intelligence. Si
« l'homme, dit un antique enseignement des
« Druides, si l'homme, dans la vie présente,
» a fait des progrès vers la connaissance et

« vers le bien, il a augmenté son être à la « mort, il monte les degrés supérieurs « d'*Abied*.

« Consolez-vous donc, pauvre âme en « peine, jouissez, tout en souffrant, des longs « jours que Dieu vous réserve encore avant « d'aller franchir le portique sacré des au- « rores boréales, avant-coureurs de la « grande aurore d'Abied ; multipliez vos « œuvres dans le bien que vous avez réa- « lisé, amassez une moisson d'œuvres intel- « ligentes pour l'avenir sublime auquel vous « êtes destinée, tel est le souhait que je fais « pour vous, à la veille de la saint Louis, et « que je vous écris des bords du lac de Ge- « nève. »

XIV

La tristesse de M. Brasseur de Bourbourg s'assombrissait chaque jour davantage. La fille de l'illustre maréchal Davout chercha à calmer cette âme si endolorie, en faisant faire des démarches en faveur de son ami, afin qu'il pût obtenir la situation qu'il avait espérée pour récompense de ses travaux. M. Brasseur avait toujours désiré occuper, au Collège de France, une chaire de philologie et d'archéologie américaines. La marquise de Blocqueville en parla à son amie, la comtesse de Chaponnay, qui connaissait M. Barthélemy-St-Hilaire, alors tout puissant. Mme de Chaponnay pria le secrétaire de M. Thiers de demander au Président de la République, d'ouvrir une chaire, au Collège de France, pour M. Brasseur de Bourbourg. M. Barthélemy-St-Hilaire répondit à Mme de Chaponnay en ces termes :

« REPUBLIQUE FRANCAISE.

« Versailles, 24 janvier 1872

« Madame de Chaponnay,

« J'ai vu M. l'abbé Brasseur de Bourbourg

« et j'ai longuement causé avec lui. Je lui « ai donné les meilleurs conseils que j'ai pu; « mais je ne crois pas qu'il doive aller au « delà de la vente de sa bibliothèque et de « sa collection. Les études mexicaines, quel- « que curieuses qu'elles soient, ne sont pas « assez avancées pour qu'on puisse créer « une chaire spéciale, et je pense que ce « serait poursuivre un but inaccessible que « de songer à la fondation d'un enseigne- « ment public. Je l'ai dit à M. l'abbé Bras- « seur, et il est bon que ses amis le lui répè- « tent. Il ne faut pas s'obstiner à l'impos- sible.

« Je vous remercie, madame, de votre bon « souvenir, et je vous prie de m'excuser si « je n'ai pu vous répondre plus tôt. Je serais « bien heureux d'être à Cannes près du bon « docteur et de vous faire avec lui quelques « visites; mais le devoir nous retient ici, et « je ne vois pas encore quand la politique

« nous laissera un peu de loisir et de li-
« berté.

« Agréez, Madame, l'assurance de mon « affectueux respect.

« Votre dévoué serviteur,

« B. St-Hilaire. »

XV

Tous les rêves de M. Brasseur de Bourbourg s'étaient évanouis. L'ancien membre de la Commission du Mexique, que l'empereur Maximilien voulait avoir pour ministre, eut l'esprit très aigri de ce refus. Il ne voulut même pas que la France possédât sa bibliothèque et ses collections mexicaines ; il les vendit à Londres. Il en avait rédigé le catalogue en 1871, et l'avait fait précéder d'une introduction où il disait : « Fruit de vingt-cinq années de voyages et de résidence au Mexique et dans l'Amérique centrale, cette collection a été formée insensiblement sans que je me sois donné d'autre peine, en quelque sorte, que celle de glaner à droite et à gauche les livres et les manuscrits, ou de les recevoir des mains qui me les offraient. Je ne suis ni bibliophile, ni collectionneur, dans l'acception commune de ces mots. Ma bibliothèque n'a été réunie dans d'autre but que de m'instruire des langues et des traditions des régions que j'ai visitées, et d'acquérir ainsi de nouvelles connaissances sur l'histoire et la philologie américaines. Je n'ai songé, en aucun temps à avoir une bibliothèque spéciale, et jamais il ne m'est venu, par anticipation, à l'esprit, que je pusse prétendre au titre de savant. L'un m'a été amené insensiblement avec l'autre. Après vingt-cinq ans de voyages et d'études variées, je me suis trouvé possesseur d'une petite collection, unique au monde, et, presque à mon insu, je suis arrivé, à l'aide des documents qui s'y trouvent énumérés, à découvrir les mystères les plus cachés de la science et de la philosophie antiques.

« Le lecteur ne se formalisera pas de mon assurance. N'est-il pas naturel qu'en parlant de mes livres et de mes documents, j'énonce sans détour les résultats que m'ont procurés leur investigation et leur étude? Ne convient-il pas que je mette le public au courant des questions que ces résultats ont soulevées et qu'ils sont destinés à soulever encore dans l'avenir. Ceux qui me connaissent savent que je n'ai point d'arrière-pensée. C'est pour eux que j'écris; c'est pour eux que je ferai connaître prochainement, s'il plaît à Dieu, l'ensemble des découvertes dont je suis redevable à ma bibliothèque. En attendant, je crois devoir informer les lecteurs qui ont eu la patience de me suivre, depuis dix-sept ans, dans les différentes phases de mes travaux scientifiques, que mes prévisions, relativement au double sens enveloppé dans la lettre des livres anciens, se sont réalisées au-delà de mes espérances. La critique atrabilaire de quelques savants de l'école germanique, pas plus que le silence significatif des académiciens qui ont fait leur siège, n'a réussi à me décourager. Je répète donc, hardiment, comme il y a cinq ans dans mes *Quatre Lettres sur le Mexique*, que philologues et historiens font également fausse route, en cherchant en Asie le berceau commun de la civilisation et des religions de l'antiquité. »

XIV

Après la vente de sa bibliothèque, M. Brasseur repart pour la Suisse; il revoit son ami du Bois de Vaux et sa chambre, d'où « il « aperçoit, entre les brisures de grands « arbres, les hautes montagnes de la Savoie, « dont le regard mesure les gigantesques

« gradins rompus par d'insondables préci-
« pices. » Le 12 septembre 1872, il écrit à la marquise de Blocqueville :

« Le même jour que j'ai reçu votre der-
« nière lettre, j'en ai reçu une autre de Ma-
« dame la comtesse de Chaponnay, qui me
« réitère son invitation d'aller passer quel-
« ques jours à Pradon (Jura). J'abrégerai
« donc mon séjour ici, et à la fin de la se-
« maine prochaine, je me dirigerai sur Ge-
« nève d'où, en retournant vers Paris, je
« lui ferai une visite de trois ou quatre
« jours.... Si la saison continue telle comme
« maintenant, je rejoindrai ma sœur et mes
« neveux à Bourbourg, où de vieux amis
« réclament depuis longtemps ma présence.
« Voici quinze ans que je n'y ai remis les
« pieds : je redoute de revoir des lieux d'où
« tant d'amis et de parents sont disparus,
« où je trouverai tant de visages nouveaux
« qui ne me connaissent pas. »

XVII

M. Brasseur se rendit en effet dans le Jura. Au retour, il ne fit que traverser Paris et gagna ensuite Bourbourg, où le maire de la ville lui offrit une généreuse hospitalité. Son séjour n'y fut pas de longue durée; sa santé était altérée, il croyait la rétablir au Mexique. Il demanda et obtint en décembre 1872, une nouvelle mission pour faire de nouvelles recherches sur les antiquités américaines; mais il ne put mettre ce projet à exécution. Les évènements politiques d'Espagne l'obligèrent de rentrer en France. On était alors au mois de mai 1873.

Depuis ce temps, ses forces allaient toujours diminuant. L'abbé Brasseur travailla néanmoins à un catalogue de documents relatifs à l'histoire primitive de l'Amérique, conservés en Espagne et indiqués par don

Thomas Munoz. Il atteignit ainsi le printemps de l'année 1874. Dans l'espoir de rétablir, au soleil plus chaud du midi, sa santé de plus en plus affaiblie, il partit pour Nice. Ce fut en vain. M. Brasseur de Bourbourg expira dans cette ville, loin de ses amis, le 2 juin de la même année, n'étant âgé que de cinquante-neuf ans et quelques mois.

Il avait obtenu à l'Institut de France une mention très honorable pour sa grammaire quichée; il était chevalier de la Légion d'honneur, membre de l'Académie catholique de Rome, des Sociétés de géographie de Mexico et de Paris, de la Société ethnographique américaine de New-York, de la Société royale des Antiquaires du Nord, de la société d'Anthropologie de Londres, de l'Académie Impériale des sciences et de géographie du Brésil, et d'un grand nombre de Sociétés savantes de l'Europe.

L'explorateur des antiquités mexicaines,

le zélé voyageur est mort sans avoir vu le succès s'attacher à ses pas. Son système n'a pas été adopté, et l'école qu'il croyait fonder n'a pas été suivie. Il aurait dû se borner à produire les documents qu'il avait découverts au Mexique, et ne pas en tirer des conclusions excessives. Ces conclusions ne sont pas encore admises. Quoique M. Brasseur de Bourbourg ait dit que l'école indo-germanique fait fausse route, l'illustre Bopp qui en est le fondateur, est toujours considéré comme la première autorité et le maître de la science philologique. C'est sa théorie qui est enseignée au Collège de France, et le traducteur de sa grammaire comparée, *Vergleichende Grammatik*, M. Michel Bréal est devenu membre de l'Institut de France. M. Barthélemy St-Hilaire l'a dit avec raison, les études mexicaines n'étaient pas assez avancées pour servir de base à un enseignement officiel de l'Etat. Toutefois, on les reprend de temps à autre; le comte de Charencey a fait à Paris, pendant l'hiver de 1879, une conférences sur les inscriptions hiéroglyphiques de Palenqué.

Quoiqu'il en soit, M. l'abbé Brasseur de Bourbourg a tracé un large sillon dans le champ du travail intellectuel. Mais il a dû s'apercevoir, comme Lamartine qui a représenté le pays de Bourbourg à la Chambre des Députés, que la joie humaine est courte, que la déception est prompte, et que le dévouement à la science et le courage ne sont pas toujours récompensés ici-bas.

APPENDICE

A

S. A. R. LE COMTE DE PARIS

Ce livre était imprimé, lorsque s'est répandue la douloureuse nouvelle de la mort du comte de Chambord. Celui que la Providence désigne aujourd'hui pour porter la couronne de saint Louis et de Henri IV, est né en 1838, la veille du jour où la France célèbre la fête de saint Louis, roi de France. Quelques heures après la naissance du prince royal si ardemment désiré, son auguste mère, madame la duchesse d'Orléans, fit éclater ses sentiments en ces termes : « Un monde nouveau se déploie « devant moi ; un enfant à chérir, les espé- « rances d'un peuple à réaliser par l'avenir « de cet enfant. La tâche est grande, elle

« est belle ; que Dieu nous donne sa sagesse « et sa lumière. »

Un précieux document, trouvé aux Tuileries après la révolution de 1848, nous apprend comment la princesse Hélène a su remplir ses devoirs envers ses fils et la France. C'est un programme — rédigé de sa main — du temps consacré à l'éducation de ses deux enfants. Elle était avec eux tous les jours, depuis sept heures du matin jusqu'à huit heures du soir. L'intérêt passionné qu'elle prenait à leurs progrés se confondait, dans sa pensée, avec celui qu'elle prenait à la gloire de sa nouvelle patrie. Aussi, grâce à ce dévouement maternel, le comte de Paris a-t-il reçu « un jugement « infaillible, un inébranlable sang-froid, et « enfin cette droiture de caractère qui est « parfois plus habile que l'habileté elle-« même. La France l'ignore et peut-être « l'ignorera-t-elle toujours, mais depuis « longtemps elle n'a pas eu un politique « aussi précoce et aussi complet. C'est

« l'esprit méditatif et profond de Guillaume « d'Orange, avec la bonne grâce et le « charme qui manquaient au mélancolique « fondateur de la monarchie constitution- « nelle en Angleterre (1). »

Des voyages en Allemagne, en Espagne, en Orient, en Amérique, un long séjour en Angleterre, de sérieuses études sur l'économie politique et les questions ouvrières, une coopération active à la guerre de sécession des États-Unis ont initié le comte de Paris à la science de chef d'État. Il y a en lui une grande activité morale et physique. Il travaille le matin, reçoit beaucoup de monde, s'intéresse à tout ce qui se rapporte à l'ouvrier et emploie une partie de son temps à visiter des usines ou à s'aboucher avec les hommes qui ont en main de grands intérêts industriels. Il y a là, dit M. Charles Yriarte, une personnalité politique prudente libérale, douée d'un calme qui ne peut s'acquérir lorsque la nature a refusé tout d'abord ce don précieux. Très réfléchi, très posé, d'un aspect noble et rappelant par les manières le prince son père, le comte de Paris sait dire à chacun de ceux qui l'approchent le mot qui convient et qui touche.

Son Altesse Royale m'a dit ce mot, — et j'en ai conservé un profond et reconnaissant souvenir, — lorsque, le 13 juin 1875, Elle me fit l'honneur de m'écrire de Chantilly :

« Monsieur,

« Je suis très touché des sentiments que « vous m'exprimez à l'occasion du malheur « qui vient de me frapper. Aussi ai-je tenu « à vous en remercier moi même et à me « dire, en cette occasion,

« Votre affectionné

« Louis-Philippe d'Orléans. »

TABLE DES MATIÈRES

Typographie A.-H. Bécus, 112, boulevard de Vaugirard.

OUVRAGES DU MÊME AUTEUR

L'extrême-Orient au moyen âge, in-8.

L'archipel Indien. Origines, langues, littératures, religions, morale, droit public et privé des populations, in-8.

Bidasari. Poème malais, précédé des traditions poétiques de l'Orient et de l'Occident, in-8.

Guillaume de Rubrouck, ambassadeur de Saint-Louis en Orient; in-18.

Le droit de la femme dans l'antiquité, son devoir au moyen-âge, in-18.

Les Tables Eugubines, in-8.

De l'origine du Langage d'après la Genèse, in-8.

Grammaire comparée des Langues de la France (mention très honorable de l'Académie des Inscriptions et Belles-Lettres); in-8.

Essai de grammaire comparée des Langues germaniques (Cours professé à la salle Gerson, annexe de la Sorbonne); in-8.

Le vieux langage normand. Etude de philologie comparée, in-18.

Histoire de la littérature néerlandaise (Cours professé à la salle Gerson, annexe de la Sorbonne), in-8.

Etudes néerlandaises (Ouvrage couronné par l'Académie française), in-8.

Des Nibelungen (mention très honorable de l'Académie des Inscriptions et Belles-Lettres), in-8.

Sagas du Nord (mention honorable de l'Académie des Inscriptions et Belles-Lettres), in-8.

La Religion du Nord de la France avant le chistianisme, in-8.

Les Flamands de France. Etudes sur leur langue, leur littérature et leurs monuments, in-8.

Recherches historiques sur la ville de Bergues (mention honorable de l'Académie des Inscriptions et Belles-Lettres), in-8.

Histoire de sainte Godelive (XIe siècle); in-4, in-8, in-12.

Histoire de la ville de Bourbourg, in-8.

Chants historiques de la Flandre, in-8.

SOUS PRESSE :

L'OUVRIER FRANÇAIS

SON PASSÉ

ET

SON AVENIR

www.ingramcontent.com/pod-product-compliance
Ingram Content Group UK Ltd.
Pitfield, Milton Keynes, MK11 3LW, UK
UKHW012006240726
13965UKWH00001B/180

9 782012 858268